Vry

Absatzwirtschaft

Lehrbücher für Fachwirte
und Fachkaufleute

Absatzwirtschaft

Von Diplom-Volkswirt Wolfgang Vry

3., überarbeitete Auflage

Kiehl

Zur Herstellung dieses Buches wurde chlor- und säurefrei gefertigtes Recyclingpapier, zur Umschlagkaschierung eine Folie verwendet, die bei der Entsorgung keine Schadstoffe entstehen läßt. Mit diesem Weg wollen wir einen aktiven Beitrag zum Schutz unserer Umwelt leisten.

Die Deutsche Bibliothek - CIP-Einheitsaufnahme

Vry, Wolfgang:
Absatzwirtschaft / von Wolfgang Vry. - 3., überarb. Aufl. -
Ludwigshafen : Kiehl, 1995
(Lehrbücher für Fachwirte und Fachkaufleute)
ISBN 3-470-63133-6

ISBN 3 470 **63133**-6 · 3., überarbeitete Auflage 1995

Herstellung: Druckhaus BELTZ, Hemsbach

Vorwort

Das vorliegende Lehr- und Arbeitsbuch richtet sich an angehende Fachwirte, Fachwirtinnen und Fachkaufleute in Industrie und Handel. Es soll den Lehrgang begleiten und den Unterricht unterstützen, gleichzeitig aber dem Lernenden eine Möglichkeit zur Vertiefung und zur selbständigen Erarbeitung des Stoffes (bzw. von Teilen des Stoffes) bieten. Diesen Zielen entsprechend mußte der umfangreiche Stoff des Faches „Absatzwirtschaft“ angemessen gekürzt werden. Dabei wurde darauf geachtet, daß die Kürzungen das Verständnis der Zusammenhänge nicht zu stark belasten.

Das Buch wurde zwar auf den DIHT-Rahmenlehrplan bzw. auf die bundeseinheitliche Prüfungsordnung für Industriefachwirte abgestimmt, in einigen Fällen aber ergänzt und überarbeitet. Dabei wurden auch Stoffgebiete berücksichtigt, die für die Ausbildung anderer Fachwirte und Fachkaufleute erforderlich sind .

Das Buch ist in sechs Teile gegliedert. Im ersten Teil soll der Leser mit solchen Grundbegriffen vertraut gemacht werden, die für das Verständnis der folgenden Ausführungen erforderlich sind. Im zweiten Teil werden Organisationsstrukturen und Marketingplanung dargestellt. „Der Sozialaspekt“ im dritten Teil soll zeigen, wie Marketing auch von gesellschaftlichen Zielen und von Verbraucherpolitik beeinflußt wird. Der vierte Teil befaßt sich mit der Marketingforschung als Informationsgewinnung und deren Interpretation als Grundlage für Prognosen und Marketingaktivitäten, die dann im fünften Teil in der Reihenfolge der Aktionsbereiche Kontrahierungs-, Produkt-, Kommunikations- und Distributionspolitik dargestellt sind. Der letzte Teil gibt einen kurzen Einblick in die Marketingkontrolle.

Die praxisbezogenen Beispiele sollen den Leser zunächst in die jeweiligen Problembereiche eines Kapitels einführen. Sie werden dann – nach entsprechender Modifikation – immer wieder aufgegriffen und zur Erklärung von Sachverhalten benutzt. Es folgen Begriffsbestimmungen und Definitionen. Im Textzusammenhang sind diese dann erläutert.

Hervorhebungen wichtiger Begriffe und Zusammenhänge durch Fettdruck sollen das Lesen und Lernen erleichtern und als Gedächtnisstützen bei der Wiederholungen an Hand des Textes dienen. Am Ende eines Abschnittes fassen Struktogramme den beschriebenen Sachverhalt in Form einer übersichtlichen Darstellung zusammen.

Die Aufgaben und Fälle im Anhang sind zur Wiederholung und weitergehenden Vertiefung des erworbenen Wissens gedacht. Auf diese Weise sollen sie zu einer Überprüfung und Sicherung des Lernerfolgs beitragen. Darüber hinaus können sie zur Vorbereitung auf Klassenarbeiten, Zwischen- oder Abschlußprüfungen herangezogen werden. Zur eigenen Kontrolle findet der Leser abschließend Lösungsvorschläge.

Für Anregungen, Kritik und Verbesserungsvorschläge im Hinblick auf die zukünftige Bearbeitung dieses Buches sind Verfasser und Verlag stets dankbar.

Bad Oldesloe, im Januar 1995

Wolfgang Vry

Inhaltsverzeichnis

1. Einführung

Die Ostholmer Mühlenwerke GmbH stellen fest, daß der Absatz des Weizenmehls Typ 405, des bisher wichtigsten Umsatzträgers, zurückgeht. Verkaufsleiter Muhlius trägt deshalb der Unternehmensleitung einen Plan vor, der die folgenden Ansätze enthält:

1. *Für die Mehlsorte Typ 405, die bisher relativ problemlos über die „klassischen" Absatzmittler (selbständiger Großhandel und selbständiger Einzelhandel) abgesetzt wurde, sollen zusätzliche Absatzwege erschlossen werden, über die mit Veränderung der Produktaufmachung und Preisdifferenzierung neue Marktsegmente erfaßt werden können. Kontakte wurden zur Markt-GmbH, einem Verbrauchermarkt mit der Zentrale in Kiel und einer großen Zahl von Verkaufsstellen in norddeutschen Städten, aufgenommen. Geschäftsbeziehungen zu einigen Großhändlern, die sich der Handelskette „A bis Z" angeschlossen haben, könnten die Kontaktaufnahme mit der Zentrale dieser Kette in Hamburg erleichtern.*
2. *Marktbeobachtungen zeigen, daß nach Änderungen von Verbraucherverhalten die Nachfrage nach grobem Mehl zugenommen hat und daß Mitbewerber das Angebot entsprechender Produkte erhöht haben. Durch Werbung und verschiedene verkaufsfördernde Maßnahmen soll versucht werden, die Absatzchancen für das grobe Mehl im Sortiment zu nutzen und Marktanteile zu gewinnen.*
3. *Anfragen aus dem Handel lassen die Vermutung zu, daß das Interesse der Haushalte an Backmischungen zunimmt. Es liegt deshalb nahe, das Sortiment entsprechend zu erweitern. Eine Marktanalyse soll die Nachhaltigkeit, die Gründe und die Bedeutung dieses Interesses prüfen. Sie soll darüber Aufschluß geben, welche Backmischungen gefragt sein könnten und mit welchen Aktionen für diese Produkte geworben werden muß. Sie soll auch informieren über Zahl, Art und Marktanteile der Mitbewerber, über deren Produktschwerpunkte und über Produktpreise. Sie soll schließlich Grundlage sein für Prognosen über den Umfang des künftigen Bedarfs und der erforderlichen Werbung.*

1.1 Absatzwirtschaft - Marketing

Das einfache Einführungsbeispiel beschreibt unter Anwendung von noch zu klärenden Fachbegriffen eine Situation, die so oder ähnlich bei jedem gewinnorientierten Anbieter von Leistungen auftreten könnte.

Es wird festgestellt, daß der Absatz der Produktion zunehmend schwieriger wird. Bei der Frage nach den Gründen und nach Möglichkeiten zum Ausgleich der Umsatzeinbußen wird ein Problem deutlich: Die bisher praktizierten Mittel der Absatzwirtschaft genügen nicht, den Absatzmarkt völlig zu erfassen, Veränderungen von Konsumgewohnheiten werden zu spät erkannt, Umsatzchancen nicht ausreichend wahrgenommen. Offensichtlich war es falsch, den Absatz zu sehr an der Leistungserstellung zu orientieren.

Hinter diesem Konzept steht das Bild des betrieblichen Kreislaufs mit den Bereichen Beschaffung, Leistungserstellung, Absatz und den entsprechenden Güter- und Geldströmen, in dem Beschaffung und Absatz sich weitgehend an der Leistungserstellung ausrichten: Beschafft werden die erforderlichen Produktionsfaktoren, die Aufgabe des Absatzes ist die Distribution der erstellten Leistungen auf den Absatzmärkten. Dieses Konzept wird den heutigen Situationen auf vielen Absatzmärkten nicht gerecht.

Als **Markt** bezeichnet man das Zusammentreffen von Angebot eines Gutes und Nachfrage nach diesem Gut. Dieser Markt ist im Gleichgewicht, wenn Angebot und Nachfrage gleich sind; d.h. es ergibt sich ein Preis, bei dem die Unternehmen die Warenmengen anbieten, die die Haushalte bei diesem Preis abzunehmen bereit sind.

Bei sinkender Nachfrage und gleichbleibendem Angebot entsteht ein Angebotsmengenüberschuß, der Preis muß zurückgehen. Diese Marktsituation wird als **Käufermarkt** bezeichnet. Der Markt für ein Gut wird enger, der Bedarf kann auch durch Substitutionsgüter gedeckt werden, die Zahl der Mitbewerber nimmt zu, die Nachfrager stellen höhere Anforderungen an das Produkt. Es gibt Marktwiderstände, die nur durch erhebliche Bemühungen um Käufer überwunden werden können.

Käufermärkte unterscheiden sich wesentlich von **Verkäufermärkten**, die - vereinfacht - durch steigende Preise charakterisiert werden. Marktwiderstände sind auf Verkäufermärkten nicht oder nur selten anzutreffen. Die angebotene Ware wird in der Regel auch abgesetzt. Der Bereich Absatz übernimmt lediglich die Distribution der Ware, besondere Bemühungen um Käufer sind nicht erforderlich.

Seit Jahren ist eine Entwicklung von Verkäufer- zu Käufermärkten erkennbar. Heute herrschen Käufermärkte eindeutig vor.

Der Verkauf auf diesen Märkten wird zunehmend schwieriger, erhebliche Marktwiderstände sind zu überwinden. Dem Unternehmensbereich Absatz wachsen dadurch neue Aufgaben zu. Käufermärkte verlangen zur Bewältigung dieser Aufgaben die Entwicklung einer Managementkonzeption, die auf der Einsicht beruht, daß alle Unternehmensbereiche, also auch die Produktion, auf den Absatz ausgerichtet sind.

Diese **Managementkonzeption** wird als **Marketing** bezeichnet. Ihr Ziel ist die umfassende systematische Beeinflussung des Nachfrageverhaltens, die einsetzt, bevor die Produktion beginnt. Marketing versucht mit dem absatzpolitischen Instrumentarium auf die Verbrauchswirtschaftspläne der Haushalte einzuwirken. Das setzt Kenntnisse der Märkte, des Verbraucherverhaltens und des Konkurrenzverhaltens voraus.

Entsprechend lassen sich die folgenden **Aspekte des Marketing** erkennen.

- **Informationsaspekt**: Dazu gehören die Marktforschung die Analysen der Käufer-, Konkurrenz- und Absatzmittlersituation sowie Prognosen über Markt- und Absatzentwicklungen.

- **Aktionsaspekt**: Er umfaßt die grundsätzlichen Entscheidungen im Zusammenhang mit dem Einsatz der Marketinginstrumente. Vier Aktionsbereiche lassen sich unterscheiden:

  Kontrahierungspolitik („Zu welchen Bedingungen soll verkauft werden?“);

Produktpolitik („Welche Produkte sollen in welcher Aufmachung, Verpackung etc. abgesetzt werden?“);

Kommunikationspolitik („Welche Maßnahmen sollen zur Werbung ergriffen werden?“);

Distributionspolitik („Auf welchen Wegen soll die Ware abgesetzt werden?“).

Es ist leicht einzusehen, daß in der Regel mehrere Marketinginstrumente gleichzeitig eingesetzt werden müssen. (Vgl. Einführungsbeispiel: Eine Mehlsorte wird mit unterschiedlichen Preisen in unterschiedlicher Verpackung auf zwei Absatzwegen zum Endverbraucher gebracht.) Diesen gleichzeitigen Einsatz mehrerer Marketinginstrumente bezeichnet man als *Marketing-Mix*.

- **Organisationsaspekt**: Dieser Aspekt befaßt sich mit der Institutionalisierung des Marketing in der Unternehmensorganisation und der Koordination des Bereiches Absatz mit anderen Unternehmensbereichen. Aufgaben, Weisungsbefugnisse etc. des Marketingmanagements sind zu definieren.

- **Sozialaspekt**: Dieser Aspekt deutet an, daß Marketingaktivitäten an gesellschaftlichen Zielen zu orientieren sind.

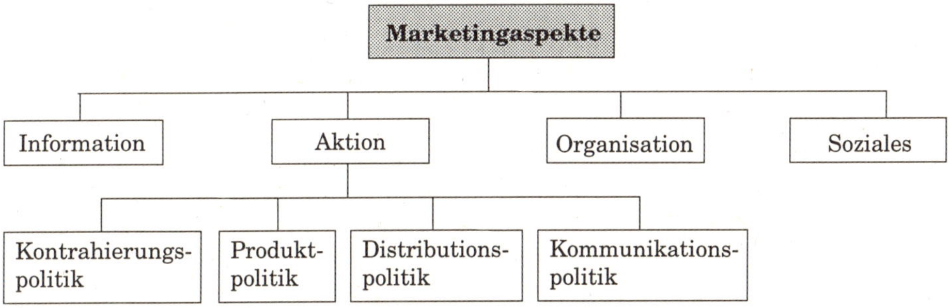

1.2 Markt

„Markt“ ist der zentrale Begriff für Marketing und Absatzwirtschaft. Die Kenntnis der ihn begründenden Vorgänge und der ihn beeinflussenden Faktoren, seiner Bedeutung und seiner Erscheidnungsformen ist Voraussetzung für das Verständnis der Wirkung von Marketingaktivitäten. Deshalb sollen zunächst - soweit erforderlich - grundsätzliche Begriffe geklärt und erläutert werden.

1.2.1 Markt und Preis

Der Markt ist das Zusammentreffen von Angebot eines Gutes und Nachfrage nach diesem Gut.

In der **Nachfrage** drückt sich der Zusammenhang zwischen dem Preis und der nachgefragten Menge aus (Preis-Absatz-Relation). Im Regelfall nimmt bei sinkendem Preis die Nachfragemenge zu, bei steigendem Preis nimmt sie ab. Dargestellt wird dieser Zusammenhang in einer Nachfragekurve (Abb. 1).

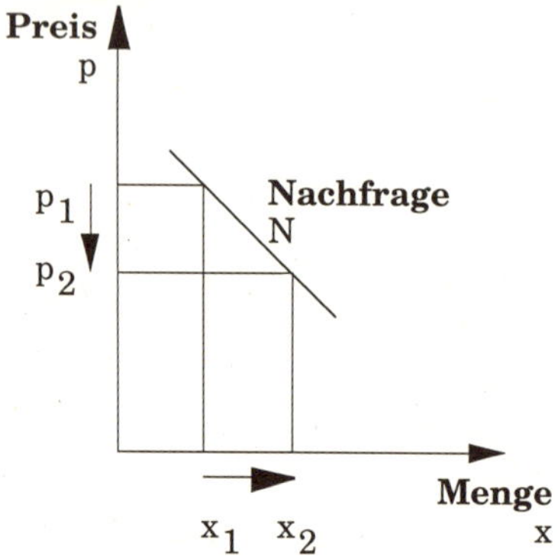

Abb. 1

In Ausnahmefällen kann trotz steigender Preise die Nachfragemenge zunehmen (paradoxer Fall oder Giffenfall). Das geschieht gelegentlich bei Spekulationskäufen (z.B. Aktienkauf bei steigenden Kursen).

Im **Angebot** drückt sich ein ähnlicher Zusammenhang aus: Bei steigendem Preis wird mehr angeboten, bisherige Anbieter dehnen ihr Angebot aus, andere Unternehmen können bei dem höheren Preis auch anbieten und drängen auf den Markt (Abb. 2).

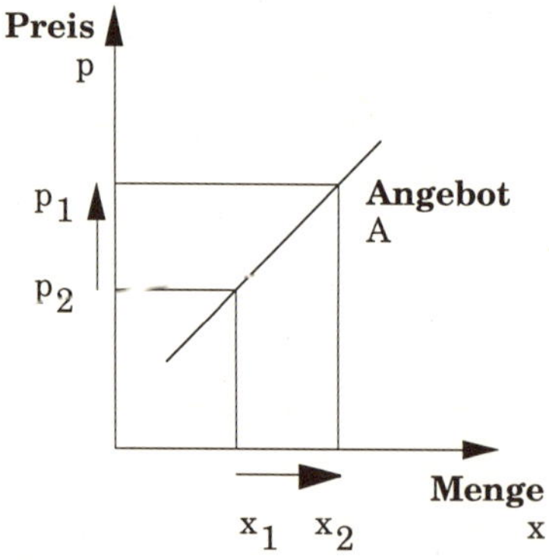

Abb. 2

Auf dem Markt ergibt sich durch Angebot und Nachfrage ein Preis, bei dem Angebotsmenge und Nachfragemenge gleich sind. Man spricht vom sog. Gleichgewichtspreis, bei der sich dabei ergebenden Menge von der Gleichgewichtsmenge. Beim Gleichgewichtspreis sind die Pläne von Anbietern und Nachfragern in Übereinstimmung. Die Menge, die bei diesem Preis angeboten wird, wird auch nachgefragt (Abb. 3).

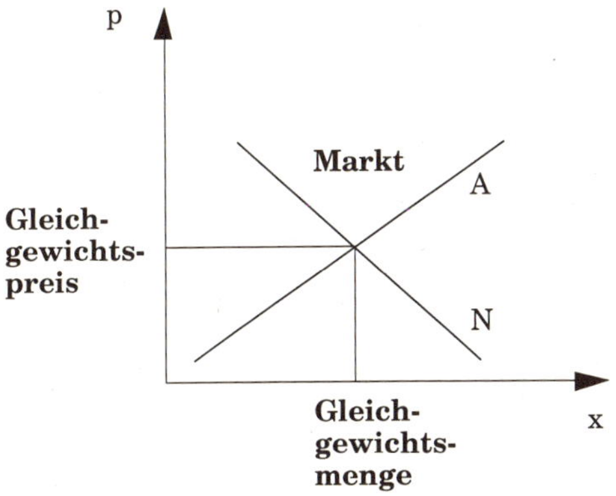

Abb. 3

Gehen die Anbieter bei ihren Plänen von einem Preis aus, der über dem Marktpreis liegt, bieten sie mehr an als sie absetzen können. Es entsteht ein Angebotsmengenüberschuß, der nur durch Preissenkungen abgesetzt werden kann. Nehmen die Anbieter dagegen einen Preis an, der unter dem Marktpreis liegt, entsteht ein Nachfragemengenüberschuß, Preissteigerungen oder Wartezeiten für die Nachfrager können die Folgen sein (Abb. 4 und 5).

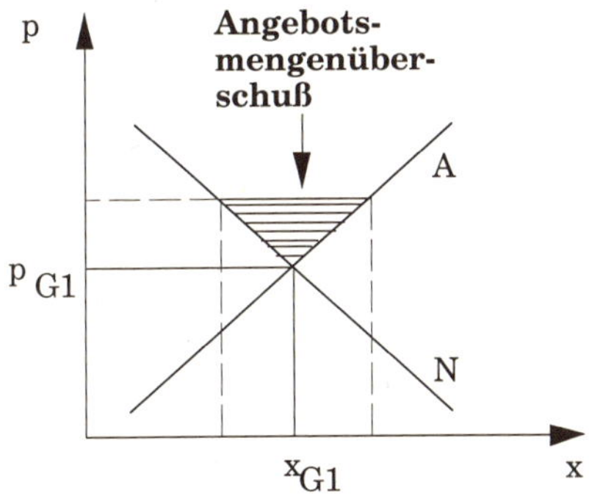

Abb. 4

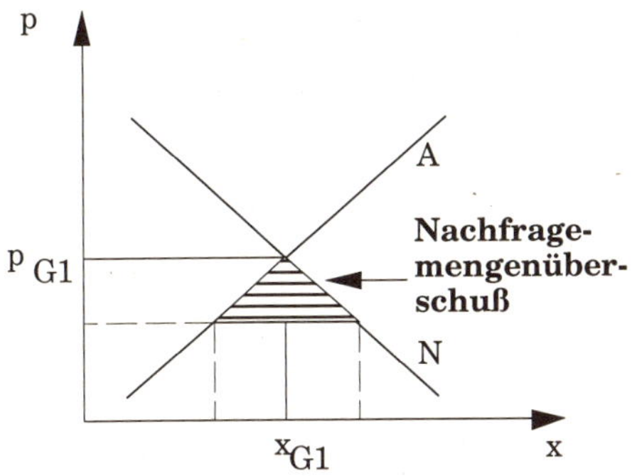

Abb. 5

Nimmt bei gleichbleibendem Angebot die Nachfrage zu, steigen Preis und Menge. Bieten die Unternehmer bei gleichbleibender Nachfrage mehr an, muß der Preis sinken, wenn die zusätzliche Menge abgesetzt werden soll. Diese Vorgänge können in Abb. 6 und 7 leicht nachvollzogen werden.

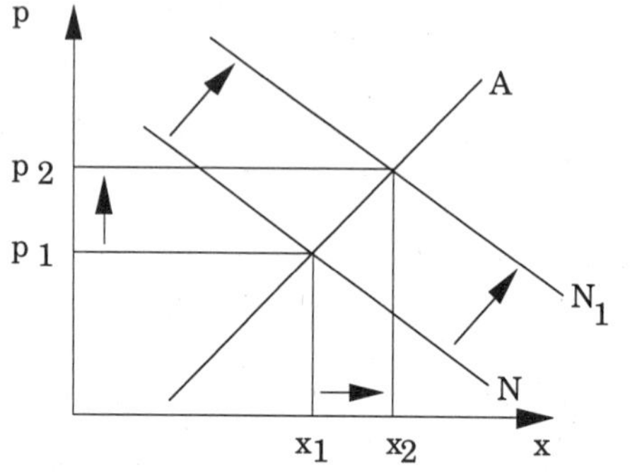

Abb. 6

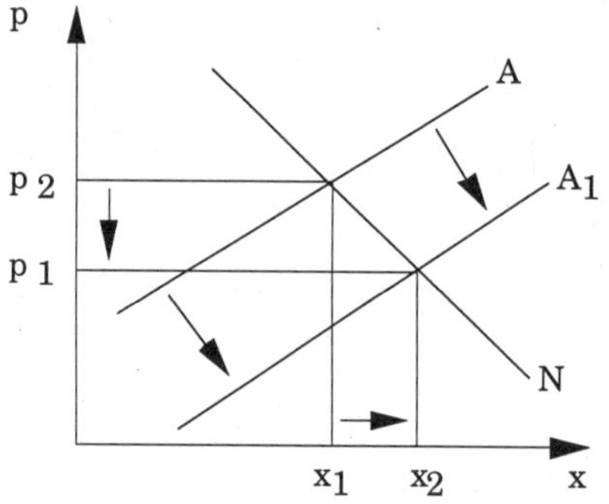

Abb. 7

1.2.2 Einflußfaktoren

1.2.2.1 Kosten

Bei steigenden Preisen können mehr Unternehmen das entsprechende Gut anbieten: Der Preis deckt jetzt auch ihre Kosten. **Kosten bestimmen** also - neben anderen Faktoren - das **Angebotsverhalten** der Unternehmen.

Als Kosten bezeichnet man den Verzehr von Gütern und Dienstleistungen im Produktionsprozeß bewertet in DM. Zu unterscheiden sind fixe (feste) und variable (veränderliche) Kosten. **Fixe Kosten** sind in ihrer Höhe unabhängig von der Ausbringungsmenge. Sie fallen auch an, wenn der Betrieb noch nicht produziert, deswegen werden sie gelegentlich auch als Kosten der Betriebsbereitschaft bezeichnet (z.B. Abschreibungen). Die Höhe der **variablen Kosten** hängt von der Ausbringungsmenge ab. Sie nehmen mit steigender Ausbringungsmenge zu bzw. mit sinkender ab (z.B. Stoffkosten). Als Summe aus fixen und variablen Kosten ergeben sich die **Gesamtkosten**.

Gesamtkosten = fixe Kosten + variable Kosten

Werden die bei einer bestimmten Ausbringungsmenge anfallenden Gesamtkosten durch die produzierte Menge geteilt, ergeben sich als Durchschnittskosten die **Stückkosten**. Die **Grenzkosten** geben an, wie die Gesamtkosten zunehmen, wenn die Produktionsmenge um eine Einheit ausgedehnt wird, d.h. sie geben den Anstieg der Gesamtkosten an.

In der Übersicht (Tab. 1a - d und Abb. 8) werden vereinfachte Beispiele typischer Verläufe der Gesamtkosten sowie die entsprechenden Stückkosten und Grenzkosten sowohl mit Zahlenmaterial als auch graphisch dargestellt.

	fixe Gesamtkosten		
x	K	k	GK
1	100	100,0	–
2	100	50,0	0
3	100	33,3	0
4	100	25,0	0
5	100	20,0	0
6	100	16,7	0
7	100	14,3	0
8	100	12,5	0
9	100	11,1	0
10	100	10,0	0

Tab. 1 a

	proportionale Gesamtkosten		
x	K	k	GK
1	10	10	–
2	20	10	10
3	30	10	10
4	40	10	10
5	50	10	10
6	60	10	10
7	70	10	10
8	80	10	10
9	90	10	10
10	100	10	10

Tab. 1 b

	überproportionale Gesamtkosten		
x	K	k	GK
1	5	5,0	–
2	15	7,5	10
3	30	10,0	15
4	50	12,5	20
5	75	15,0	25
6	105	17,5	30
7	140	20,0	35
8	180	22,5	40
9	225	25,0	45
10	275	27,5	50

Tab. 1 c

	unterproportionale Gesamtkosten		
x	K	k	GK
1	10	10,0	–
2	19	9,5	9
3	27	9,0	8
4	34	8,5	7
5	40	8,0	6
6	45	7,5	5
7	49	7,0	4
8	52	6,5	3
9	54	6,0	2
10	55	5,5	1

Tab. 1 d

x = Menge
K = Gesamtkosten
k = Stückkosten (Durchschnittskosten)
GK = Grenzkosten

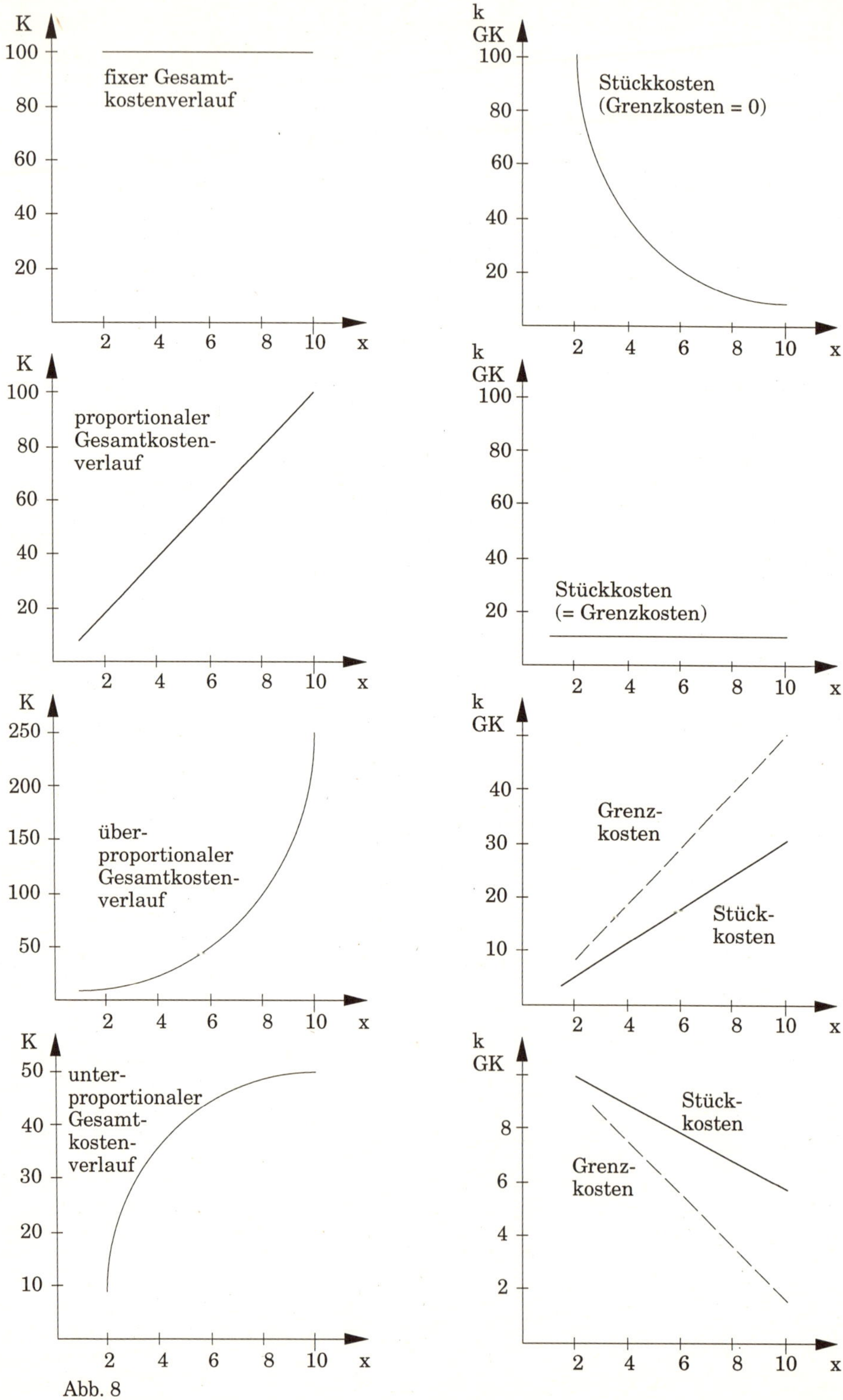

K
fixer Gesamt-
kostenverlauf
proportionaler
Gesamtkosten-
verlauf
über-
proportionaler
Gesamtkosten-
verlauf
unter-
proportionaler
Gesamt-
kosten-
verlauf
x
k
GK
Stückkosten
(Grenzkosten = 0)
Stückkosten
(= Grenzkosten)
Grenz-
kosten
Stück-
kosten

Abb. 8

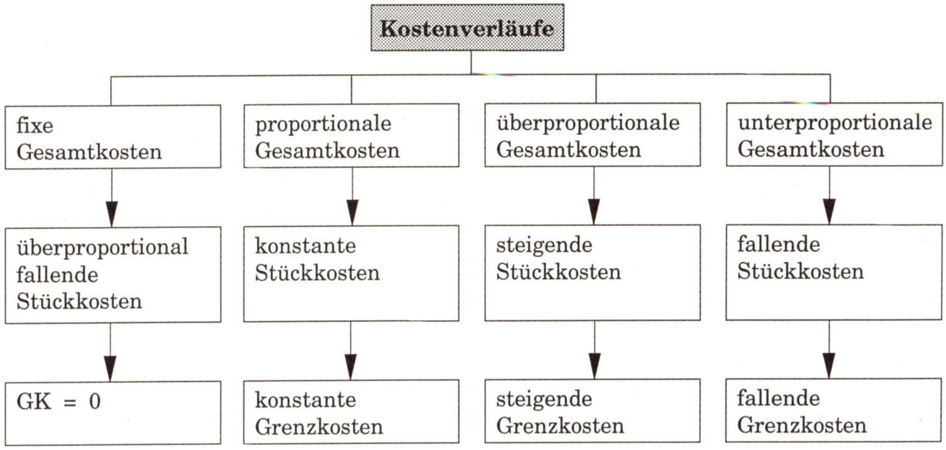

In der Realität sind die Gesamtkostenverkäufe Kombinationen aus den abgebildeten Typen. Beispielsweise im s-förmigen (ertragsgesetzlichen) Kostenverlauf. Die Kosten steigen zunächst unterproportional, dann überproportional an. Entsprechend sinken Stück- und Grenzkosten zunächst und steigen dann an (vgl. Abb. 9 a und b).

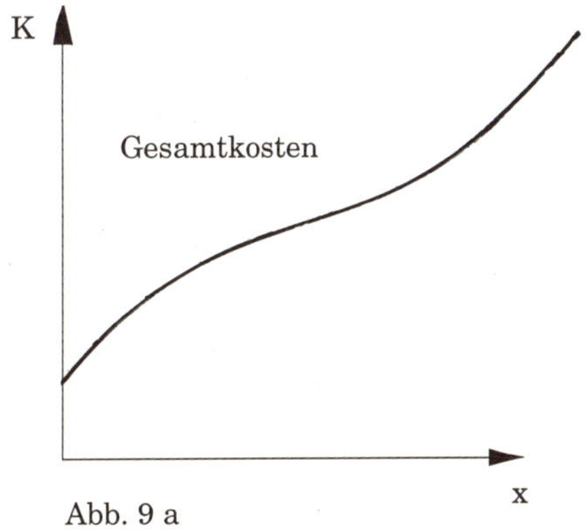

Abb. 9 a

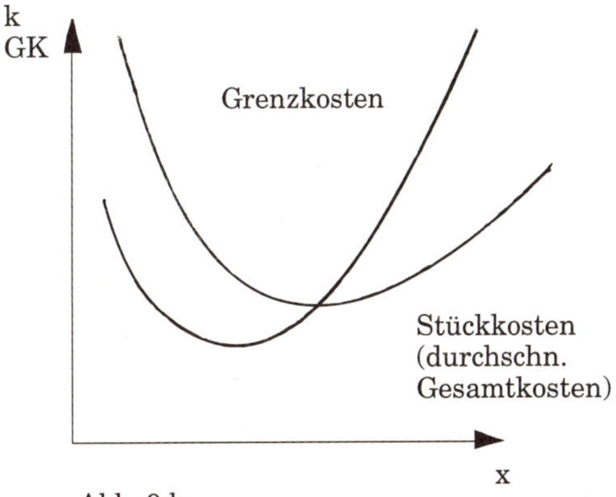

Abb. 9 b

1.2.2.2 Elastizitäten

Bei Änderungen des Preises ändert sich auch die nachgefragte Menge. Die Frage, in welchem Ausmaß die Nachfrager auf Preisänderungen reagieren, beeinflußt ebenfalls das Verhalten der Anbieter.

Die **direkte Preiselastizität** gibt an, um wieviel Prozent sich die mengenmäßige Nachfrage nach einem Gut ändert, wenn sich der Preis für dieses Gut um einen bestimmten Prozentsatz ändert. (Als Kreuzpreiselastizität bezeichnet man die Reaktion der mengenmäßigen Nachfrage nach einem Gut auf Preisänderungen für ein anderes Gut, z.B. bei einem Substitutionsgut).

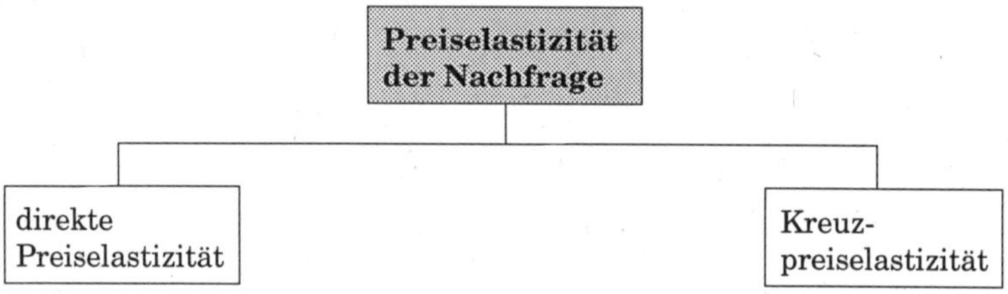

Ändert sich bei einer einprozentigen Preisänderung die mengenmäßige Nachfrage um mehr als 1 %, ist die Nachfrage **relativ elastisch**. Ändert sich die Nachfragemenge aber um weniger als 1 %, ist die Nachfrage **relativ unelastisch**. Reagiert die Nachfrage auf Preisänderungen überhaupt nicht, ist sie vollkommen unelastisch (starr). Vollkommen elastisch ist sie dagegen, wenn eine Preisänderung die Nachfrage völlig zum Erliegen bringt.

Die folgenden schematischen Darstellungen sollen den Sachverhalt erläutern (Abb. 10). In allen Fällen wird die gleiche **Preiserhöhung** (von z.B. 1 %) angenommen; sie führt

- bei a) zu einem relativ **starken** Mengenrückgang (von mehr als 1 %),
- bei b) zu einem relativ **geringen** Mengenrückgang (von weniger als 1 %),
- bei d) zu **keiner** Mengenänderung.

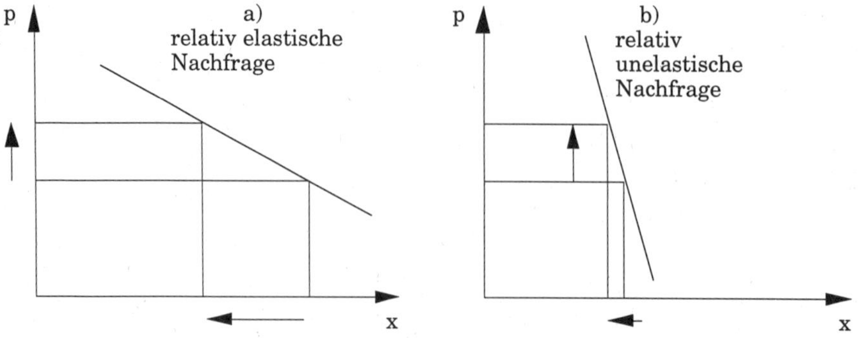

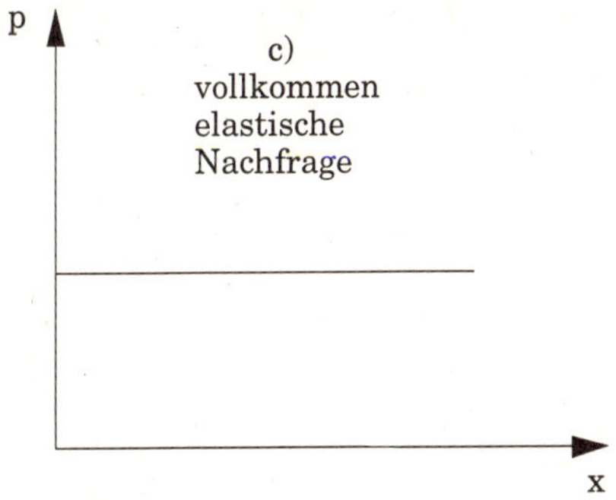

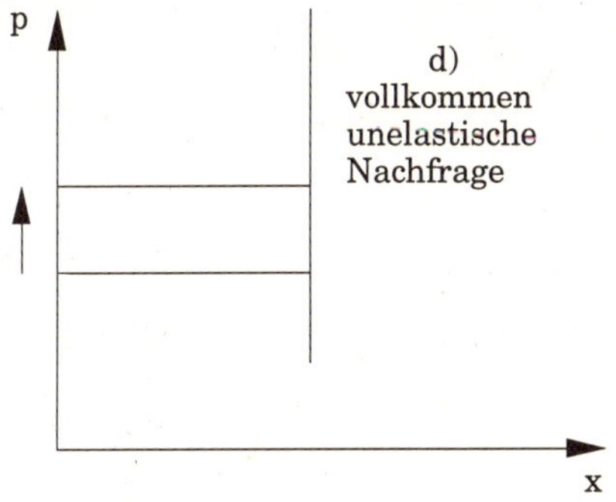

Abb. 10

Die direkte Preiselastizität gibt also das **Verhältnis** der **relativen** (prozentualen) **Mengenänderung** zur **relativen** (prozentualen) **Preisänderung** an:

$$E = \frac{\text{relative Mengenänderung}}{\text{relative Preisänderung}}$$

oder

$$E = \frac{\dfrac{\text{Mengenänderung}}{\text{Ausgangsmenge}}}{\dfrac{\text{Preisänderung}}{\text{Ausgangspreis}}}$$

Zur Verdeutlichung sollen zwei Situationen näher betrachtet werden:

Ein Haushalt fragt u.a. folgende Güter nach: ein Gemüse (z.B. Rotkohl) und Zigaretten.

1. Der Preis für Rotkohl steigt von 1,- DM auf 1,20 DM, daraufhin geht die Nachfrage von 6 kg auf 3 kg zurück. Die Ausgaben des Haushalts für Rotkohl sinken von 6,- DM auf 3,60 DM.

2. Der Preis für Zigaretten steigt von 2,- DM auf 3,- DM je Packung, daraufhin geht die Nachfrage von 15 auf 12 Packungen zurück. Die Ausgaben für Zigaretten steigen von 30,- DM auf 36,- DM.

Berechnung der Elastizitäten:

1. $E = \dfrac{-\frac{3}{6}}{\frac{0,2}{1}} = -\frac{1}{2} \cdot \frac{10}{2} = -2,5$

2. $E = \dfrac{-\frac{3}{15}}{\frac{1}{2}} = -\frac{1}{5} \cdot 2 = -\frac{2}{5}$

Im ersten Fall handelt es sich um eine **relativ elastische Nachfrage**. Die Menge geht um das 2,5fache der relativen Preiserhöhung zurück. Darum nehmen die Ausgaben der Haushalte ab.

$$E < -1$$

Im zweiten Fall handelt es sich um eine **relativ unelastische Nachfrage**. Die Menge geht hier nur um das 0,4fache der relativen Preiserhöhung zurück. Darum steigen die Ausgaben der Haushalte.

$$E > -1$$

Die durch verschiedene Elastizitäten begründeten unterschiedlichen Wirkungen von Preisänderungen auf Nachfragemengen und Ausgaben werden in der folgenden Tabelle zusammengefaßt (Tab. 2).

	Preiserhöhung (um 1 %)	**Preissenkung** (um 1 %)
relativ elastische Nachfrage $E < -1$	Menge sinkt relativ stark	Menge steigt relativ stark
	(Mengenrückgang um mehr als 1 %)	(Mengenanstieg um mehr als 1 %)
	Ausgaben sinken	Ausgaben steigen
relativ unelastische Nachfrage $E > -1$	Menge sinkt relativ wenig	Menge steigt relativ gering
	(Mengenrückgang um weniger als 1 %)	(Mengenanstieg um weniger als 1 %)
	Ausgaben steigen	Ausgaben sinken

Tab. 2

Eine relativ unelastische Reaktion der Nachfrage kann bei solchen Gütern angenommen werden,

- die dringend benötigt werden,
- von denen die Nachfrager abhängig sind,
- die schwer substituierbar sind und
- für die die Nachfrager besondere Präferenzen entwickelt haben.

Die Nachfrage nach z.B. Zigaretten, nach Medikamenten usw. wird daher bei Preiserhöhungen wahrscheinlich nur geringfügig abnehmen (und bei Preisenkungen nur geringfügig zunehmen).

Anders wird wahrscheinlich die Nachfrage nach Rotkohl und ähnlichen, leicht substituierbaren Gütern reagieren. Bei Preiserhöhungen dürfte die Nachfrage also erheblich zurückgehen (bei Preissenkungen stark zunehmen).

1.2.3 Vollkommener und unvollkommener Markt

Optimal funktioniert der Markt in der angedeuteten Weise nur unter den folgenden **Voraussetzungen des vollkommenen Marktes**:

- Die Produzenten haben das Ziel der **Gewinnmaximierung**, die Haushalte das der **Nutzenmaximierung**, d.h. Produzenten und Haushalte legen ihrem Angebots- bzw. ihrem Nachfrageverhalten das ökonomische Prinzip zugrunde.

- Die **Zugänge** zum Markt dürfen **nicht behindert** werden.

- Der Markt muß für die Marktteilnehmer transparent sein; der Käufer muß sich z.B. über Preise, Qualitäten usw. informieren können (**Markttransparenz**).

- Die Marktteilnehmer dürfen **weder sachliche noch persönliche Präferenzen** haben; ein Käufer sollte z.B. einem Produkt, einer Marke nur aus ökonomischen Gründen den Vorzug vor anderen Produkten geben.

- Die Markteilnehmer müssen sich den Marktbedingungen und ihren **Veränderungen schnell anpassen** können; d.h. Anbieter müssen z.B. auf Nachfrageerhöhungen mit zusätzlichen Mengen sofort reagieren.

Vollkommene Märkt sind äußerst selten, unvollkommene Märkte sind viel häufiger anzutreffen. Die theoretischen Voraussetzungen können nicht erfüllt sein. So bestehen in der Regel Präferenzen für Unternehmen, Geschäfte, Marken, Verkäufer usw.; häufig sind Märkte nicht transparent.

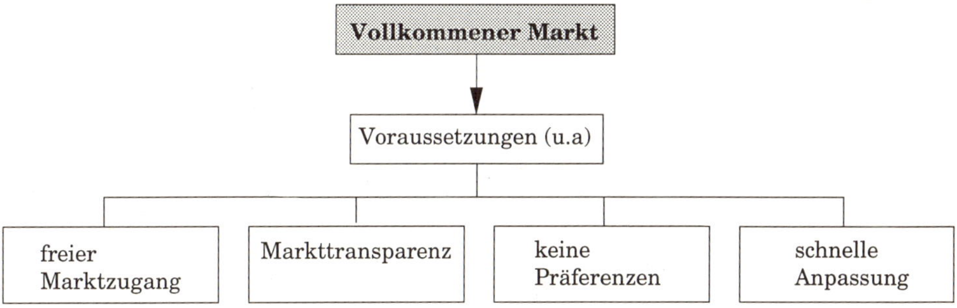

1.2.4 Marktformen

Das Preisverhalten eines Anbieters ist auch davon abhängig, ob er Reaktionen von Mitbewerbern erwartet bzw. wie er diese einschätzt. So verhält sich ein alleiniger Anbieter (Monopolist) anders als ein Anbieter unter mehreren Anbietern im Oligopol oder unter vielen Anbietern im Polypol.

Durch die Zahl der Anbieter (und Nachfrager) werden die Marktformen definiert. Die Übersicht in Tabelle 3 stellt die **Marktformen** schematisch dar.

Marktformen (schematische Übersicht)

Nachfrager \ Anbieter	einer	wenige starke	viele
einer	Bilaterales Monopol	Beschränktes Nachfragemonopol	Nachfrage-monopol
wenige starke	Beschränktes Angebotsmonopol	Bilaterales Oligopol	Nachfrage-oligopol
viele	Angebots-monopol	Angebots-oligopol	Polypol

1.3 Rahmenbedingungen

Unternehmen in einem marktwirtschaftlich orientierten System wollen ihren Gewinn maximieren. Das System garantiert ihnen grundsätzlich Autonomie bei der Ausgestaltung ihrer Politik, d.h. sie können relativ frei ihr Produktionsprogramm, ihr Angebot, ihre Marketingaktivitäten usw. bestimmen.

Dem Markt kommt dabei besondere Bedeutung zu. Er gibt den Unternehmen Informationen über Nachfragebedingungen und -änderungen und sanktioniert sie positiv bei erfolgreicher Anpassung durch zusätzlichen Gewinn oder negativ bei mangelhafter Anpassung durch Verlust. Er lenkt damit auch die Marketingaktivitäten der Unternehmen.

Das reale Wirtschaftssystem der Bundesrepublik Deutschland, die soziale Marktwirtschaft, verbindet bekanntlich die grundsätzliche marktwirtschaftliche Orientierung mit sozialen Komponenten. Unter anderem schränkt das System aus sozialen Gründen gewisse Marktfreiheiten ein.

So werden auch bestimmte Marketingaktivitäten verboten oder durch Vorschriften reguliert. Solche Vorschriften betreffen den unlauteren Wettbewerb, Preis- und andere Absprachen zwischen Unternehmen, Verbraucher- und Umweltschutz, Ladenschluß u.a.

2. Der Sozialaspekt des Marketing

Die zunehmende Nachfrage nach Produkten, die als gesund gelten, hat auch das Sortiment der Ostholmer Mühlenwerke GmbH berührt. Die Nachfrage nach dem groben Mehl steigt, während beim feinen Weizenmehl erhebliche Absatzrückgänge zu verzeichnen sind. Die Marketingmaßnahmen des Unternehmens sollen dieses veränderte Nachfrageverhalten in Zukunft angemessen berücksichtigen (vgl. Seite 9).

Das Beispiel zeigt, daß das durch die Ökologiebewegung **veränderte Gesundheitsbewußtsein** zu einer **Veränderung von Konsumgewohnheiten** führt, auf die sich die **Marketingkonzepte** der Unternehmen einzustellen haben.

2.1 Soziale Einflüsse auf Marketing

Gesellschaftliche Ziele und Werthaltungen und ihre Veränderungen beeinflussen Art, Richtung und Umfang von Marketingmaßnahmen.

Von besonderer Bedeutung ist gegenwärtig der relativ hohe Bildungs- und Informationsstand der Konsumenten. Er hat dazu geführt, daß Konsumenten gegenüber bestimmten marketingpolitischen Maßnahmen (z.B. Werbeaussagen) mißtrauisch geworden sind. Sie orientieren sich deshalb bei Kaufentscheidungen auch (in bestimmten Situationen sogar vorwiegend) an Informationen aus Veröffentlichungen von Testergebnissen, Produktbewertungen etc. Auch Einflüsse aus der **Konsumerismusbewegeung** sind erkennbar. Die Befürchtungen, daß die Umwelt und dadurch Lebensmittel vergiftet sein können, hat zu einem neuen Qualitätsbewußtsein geführt.

So müssen sich die Unternehmen heute auf einen neuen Verbrauchertyp, den **„aktiven Verbraucher“**, einstellen. Er trifft seine Entscheidungen auf der Grundlage relativ guter Information und mit einem erheblich gewandelten Qualitätsbewußtsein.

Das hat Folgen für die Entwicklung von Marketingkonzepten. So muß z.B. die Werbung den veränderten Anforderungen gerecht werden. Da Tests und Testergebnisse für den Verbraucher zunehmend an Bedeutung gewinnen, sind sie bei Werbung und Produktentwicklung zu berücksichtigen. Marketing hat sich weitgehend am Konsumerismus zu orientieren. Gefordert wird ein **„ökologisches Marketing“** (*Tietz*), d.h. Produktion und Absatz von Gütern mit besonderen Anforderungen an Warenqualität und Umweltqualität sind voranzutreiben.

2.2 Verbraucherpolitik

Der „aktive Verbraucher“ entspricht auch dem Leitbild der offiziellen Verbraucherpolitik. Im 2. Bericht der Bundesregierung zur Verbraucherpolitik wurde bereits 1975 der Verbraucher als Nachfrager beschrieben, *der seiner Aufgabe im Rahmen der Wettbewerbsordnung am besten gerecht wird, wenn er marktgerechte Entscheidungen treffen kann.* Dazu benötigt er entsprechende Informationen. Ziel der Verbraucherpolitik ist es, die Position der Nachfrager gegenüber den Anbietern durch umfangreiche **Verbraucherinformation und -beratung** zu stärken.

Verbraucher sollen informiert werden z.B. über Preise, Qualitäten, Funktionen von Waren und Leistungen, damit die Märkte für sie transparenter werden. Sie sollen beraten werden, damit sie sich auf den Märkten rational (d.h. nach dem ökonomischen Prinzip) verhalten können und damit sie nicht Opfer unlauterer Praktiken von Anbietern werden. Die Verbraucherpolitik umfaßt auch die Beratung für eine wirtschaftliche Haushaltsführung, Informationen über wirtschaftliche Zusammenhänge u.a.

Organisationen zur Verbraucherinformation und -beratung sind u.a. Verbraucherzentralen und die Stiftung Warentest.

Die **Verbraucherzentralen** sind private Verbände auf Länderebene. Finanziell werden sie von der Bundes- und der jeweiligen Landesregierung unterstützt. Die Zentralen unterhalten Beratungsstellen in vielen Städten, bei denen Verbraucher über Qualität und Eigenschaften von Waren, über Ernährungsfragen und in bestimmten Streitfällen beraten werden können.

Die **Stiftung Warentest** ist eine öffentlich-rechtliche Einrichtung. Sie soll satzungsgemäß die Öffentlichkeit *„über objektivierbare Merkmale des Nutz- und Gebrauchswerts von Waren und Leistungen“ unterrichten, die „in gleichartiger Beschaffenheit ... angeboten werden“*. Getestet werden Produkte aller Art und Dienstleistungen, wie z.B. Leistungen von Versicherungen und Reiseunternehmen, die Testergebnisse werden in der Zeitschrift test veröffentlicht.

Aufgabe der schulischen und außerschulischen **Verbraucherbildung** ist es, grundlegende Kenntnisse über das Marktgeschehen, Einsichten in Zusammenhänge zwischen Ökonomie und Ökologie und Fähigkeiten, mit den genannten Informationen verständnisvoll umzugehen, zu vermitteln. Darüber hinaus sollen die Informationsquellen bekannt gemacht und die Bereitschaft, sie zu nutzen, gefördert werden. Ziel dieser Bildungsarbeit ist der „aktive Verbraucher“, der sein Nachfrage- und Verbrauchsverhalten kritisch überprüfen und evtl. revidieren kann.

Ein besonders wichtiger Aspekt der Verbraucherpolitik ist der **Verbraucherschutz**. Er umfaßt die gesetzlichen und außergesetzlichen Regelungen zum Schutz der Verbraucher

- vor gesundheitlicher Gefährdung durch Güter und umweltschädigenden Produktionsverfahren,
- vor überhöhten Preisen (z.B. Mietwucher),
- vor Irreführung und Täuschung (z.B. durch Qualitätsangaben, durch Mogelpackungen),
- vor psychologischen Zwängen (z.B. bei Werbung).

Die Normen zum Verbraucherschutz sind berücksichtigt in bestimmten Gesetzen, z.B. im **Gesetz gegen den unlauteren Wettbewerb** (UWG), im **Gesetz gegen Wettbewerbsbeschränkungen** (GWB), im **Gesetz zur Regelung des Rechts der Allgemeinen Geschäftsbedingungen** (AGB), im **Mietrecht**, in den Vorschriften zur **Produzentenhaftung**, zur **Gewährleistung** u.a. Wichtige Vorschriftem zum **Umweltschutz** enthält u.a. die Verpackungsverordnung (VerpackV) vom 12. Juni 1991.

3. Marketingorganisation

Mit Blick auf den enger werdenden Markt für ihre Produkte und aus Einsicht in die besondere Bedeutung des Marketingsfür den Bestand und das weitere Wachstum ihres Unternehmens haben die Ostholmer Mühlenwerke GmbH bereits vor geraumer Zeit den bisherigen Verkaufsleiter Muhlius mit der Wahrnehmung von Marketingaufgaben betraut und ihn als Abteilungsleiter in die Führungsspitze des Unternehmens berufen. Die Firmenleitung trägt damit der Einsicht Rechnung, daß bei einem kundenorientierten Unternehmen das Marketingmanagement eine starke Stellung gegenüber den anderen Bereichen, z.B. der Beschaffung, der Mühle usw., haben muß, um Einfluß auf Produktion und Einkauf nehmen zu können. Alle Marketingaktivitäten wie Information, Werbung, Verkaufsförderung, Kundendienst, Vertrieb usw. werden der Marketingabteilung zugeordnet. So wird Herr Muhlius zuständig für die Marketingplanung, die - zumindest als langfristige Planung - Teil der gesamten Unternehmensplanung ist.

Dieses einfache Beispiel soll andeuten, womit sich der **Organisationsaspekt** von Marketing befaßt: Marketing wird seiner Bedeutung entsprechend in der Unternehmensorganisation institutionalisiert, damit werden die Einflußmöglichkeiten des Marketingmanagements auf die anderen Abteilungen festgelegt, die Funktionen und Aufgaben werden beschrieben und die Weisungsbefugnisse des Marketingleiters definiert. Vom Organisationsaspekt des Marketing sind also sowohl die Institutionalisierung des Marketingmanagements - die Organisationsstruktur -, als auch die Marketingplanung betroffen.

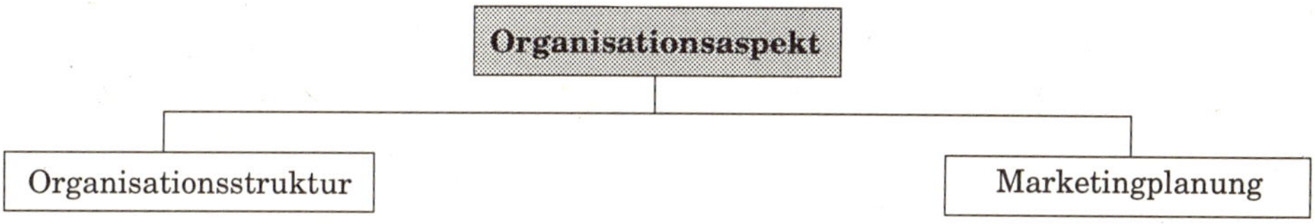

3.1 Organisationsstrukturen

Marketingorganisation und Marketingmanagement lassen sich in eine Unternehmensorganisation integrieren, die als reines Liniensystem aufgebaut ist. Ihre vielfälitgen unterschiedlichen Aufgaben werden dabei allerdings nur unzulänglich gelöst. Besser geeignet sind Kombinationen des vertikalen Systems mit Stäben für spezielle Aufgaben (z.B. Marktforschung), mit Berücksichtigung besonderer Orientierung (z.B. des Verkaufs auf bestimmte Abnehmergruppen) und ggf. unter Einbeziehung von Managementprinzipien.

Abb. 11 stellt in einem **Stab-Linien-Diagramm** beispielhaft dar, wie Marketingmanagement und -organisation in die Unternehmensorganisation integriert sein können.

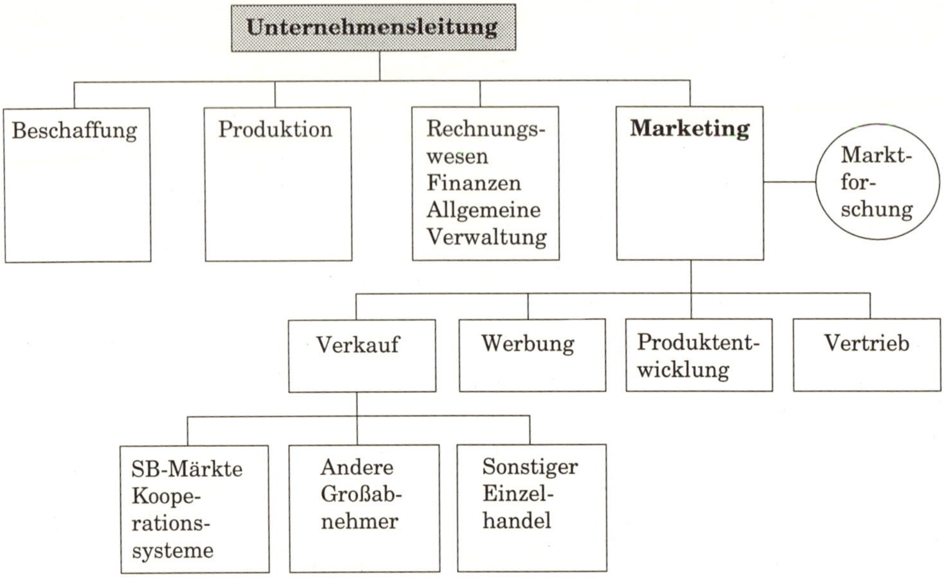

Abb. 11: Schematische Darstellung der Marketingorganisation

Die Darstellung zeigt die Einbeziehung des Marketingmanagements in die obere Führungsebene und weist so auf die Bedeutung hin, die ihm bei der Realisierung von Zielvorstellungen der Unternehmensleitung zugemessen wird. Die Funktionen Verkauf, Werbung, Produktentwicklung und Vertrieb werden dem Marketingmanagement unterstellt. Das Marketingmanagement trifft die Entscheidungen über Verkauf, Vertrieb, Werbung usw., die von den untergeordneten Stellen ausgeführt werden.

Der **Entscheidungsinstanz Marketing** ist eine **Stabsstelle Marktforschung** zugeordnet; andere Stäbe, z.B. PR, Werbung, sind denkbar. Stabsstellen sollen gewisse Vorarbeiten für Planung und Koordination leisten. So liefert z.B. die Marktforschung die Informationen, die für die Entscheidungen in den Bereichen Werbung, Produktgestaltung, Verkauf usw. erforderlich sind.

Das Schema in Abb. 11 berücksichtigt eine Differenzierung des **Verkaufs nach Abnehmergruppen**. Weitergehende Differenzierungen des Verkaufs (z.B. durch

Einbeziehung weiterer Abnehmergruppen und einzelner Großabnehmer) sind ebenso denkbar wie andere Kombinationen oder andere Orientierungen. So könnte z.B. bei enstprechenden Voraussetzungen an die Stelle der Abnehmergruppen die **Gebietsorientierung des Verkaufs** treten. So könnten aber auch bei der sog. **Produktorientierung des Marketing** die Marketingfunktionen auf Produkte oder Produktgruppen bezogen werden, wenn das Sortiment dies zuläßt. Der jeweilige Leiter des Produkt- bzw. Produktgruppenbereichs wird dabei zuständig für die in seinem Bereich anfallenden Fragen des Verkaufs, der Werbung, der Verkaufsförderung usw.

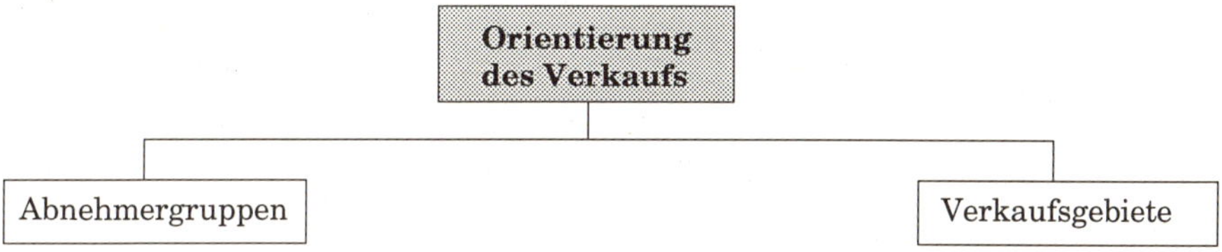

Eine noch weitergehende Orientierung der Marketingorganisation auf Produkte bzw. auf Produktgruppen liegt im sog. **Produktmanagersystem** vor. Der Produktmanager ist nicht nur zuständig für die in seinem Bereich anfallenden Marketingfunktionen; er hat vielmehr auch Möglichkeiten, auf Produktion, Beschaffung usw. Einfluß zu nehmen.

Die Kombinationen des vertikalen Organisationsaufbaus mit Stäben, die Differenzierungen der Funktionsbereiche und ihre verschiedenen Orientierungen sollen dazu beitragen, die Nachteile des reinen Liniensystems zu verringern und Marketingaktivitäten optimaler zu gestalten, indem sie eine differenzierte Marketingstrategie ermöglichen. Die Anwendungen dieser Organisationsaspekte sind unter anderem abhängig von der Größe des Unternehmens, von den erforderlichen Marketingaktivitäten, von Art und Umfang des Sortiments und von den zur Verfügung stehenden Mitteln.

3.2 Planung

Das Einführungsbeispiel auf Seite 9 enthält beispielhafte Ansätze für einen **Marketingplan**: *Einem Unternehmen liegen Informationen über verändertes Kaufverhalten vor. Diese Informationen werden erhärtet durch eine zusätzliche Marktanalyse, so daß sie auch Prognosen über Absatzentwicklungen zulassen. Die Ziele des Unternehmens, nämlich Rückgewinnung von Marktanteilen und Verbesserung der Umsatzsituation, sollen erreicht werden durch Erschließung neuer Absatzwege, durch Preispolitik und Produktveränderung, durch vermehrte Werbe- und andere verkaufsfördernde Maßnahmen und schließlich durch eine Sortimentserweiterung.*

Es geht also in der Marketingplanung darum, Ziele langfristig festzulegen, z.B. Verbesserung der Marktstellung oder der Umsatz- bzw. Gewinnsituation.

Für die Festlegung der Ziele und ihre Präzisierung werden die Informationen aus der Marketingforschung, die Prognoseergebnisse und auch Daten aus anderen Unternehmensbereichen (z.B. Produktionskapazitäten, Lagerhaltung, Finanzierungsmöglichkeiten etc.) benötigt. So kann dann das **Marketing-Mix** erarbeitet werden, mit dem diese Ziele erreicht werden sollen. Daran schließt sich die Durchführungsphase (evtl. in einem begrenzten Testgebiet) an. Durch Plankontrollen sollen Planabweichungen festgestellt werden, die zu einer Revision des Plans, der Zieldefinition oder der Marketingaktivitäten führen.

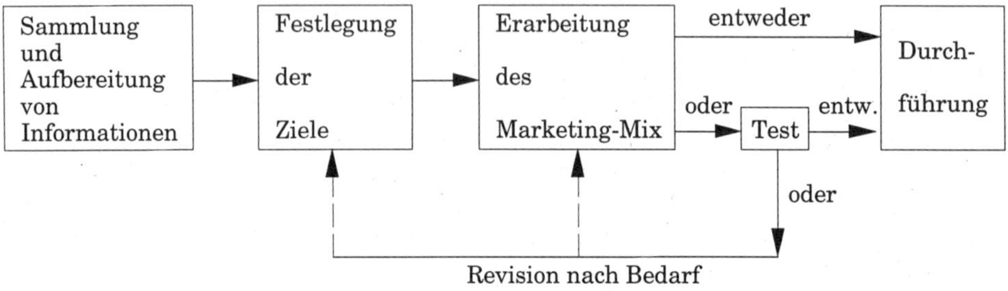

In einem kurzfristigen Plan werden Zwischenziele für ein Jahr, z.B. bestimmte Umsatzziele, festgelegt.

Die **Marketingplanung** ist Teil der gesamten **Unternehmensplanung**. Sie beeinflußt die Planungen anderer Unternehmensbereiche. So werden z.B. der Produktionsplanung die von der Marketingplanung festgelegten Mengen vorgegeben. Damit sind auch die zu beschaffenden Rohstoffe nach Art und Menge bestimmt. Zielorientierte Marketingstrategien (z.B. eine Niedrigpreispolitik) beeinflussen auch Art und Umfang der Beschaffungsplanung. Lagerplanungen sind wiederum abhängig von Beschaffung und Absatz. Auch Planungen im Personalbereich müssen die Bedingungen von Produktion und besonderen absatzpolitischen Strategien berücksichtigen. Schließlich kann auch der Einfluß auf den Bereich Rechnungswesen erkannt werden, wenn z.B. die erforderlichen Mittel bereitgestellt werden müssen.

4. Marketinginformation - Marketingforschung

4.1 Bereiche der Marketingforschung

Die Informationen, die der Betrieb aus unserem Einführungsbeispiel bei Einführung des Produktes benötigt, sind vielschichtig. Kenntnisse des Verbraucherverhaltens sind ebenso wichtig wie umfangreiche Informationen über die Konkurrenz auf diesem Markt. Entsprechend können zwei große Bereiche der Marketingforschung unterschieden werden.

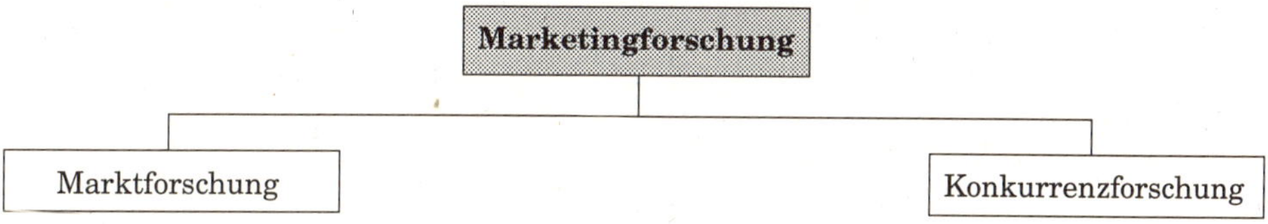

4.1.1 Marktforschung

Absatzpolitische Instrumente sind nur dann wirkungsvoll einzusetzen, wenn die möglichen Reaktionen der Nachfrager richtig abgeschätzt werden können. Das setzt **Informationen über Käuferverhalten** voraus, die die **demoskopische Marktforschung**, das ist die Marktforschung im hier betrachteten Sinne, liefert. Von der demoskopischen wird die **ökoskopische Marktforschung** unterschieden. Sie befaßt sich mit objektiven Marktgrößen wie Preise, Mengen usw.

Die Marktforschung untersucht empirisch für die konkrete Fragestellung relevante spezifische Merkmale von Subjekten. Die Merkmale müssen aber jeweils auf mehrere oder viele Subjekte zutreffen, so daß sich im Ergebnis Subjekte zu Gruppen von Trägern gleicher Merkmale (oder gleicher Merkmalsbündel) zusammenfassen lassen. Diese Gruppen sind wichtige Grundlagen für die Segmentierung der Nachfrage in Zielgruppen und für die Möglichkeiten, absatzpolitische Instrumente differenziert (zielgruppengemäß) einzusetzen.

Man unterscheidet objektiv wahrnehmbare Merkmale (sog. objektive Merkmale) von inneren, psychischen Merkmalen (d.s. sog. subjektive Merkmale).

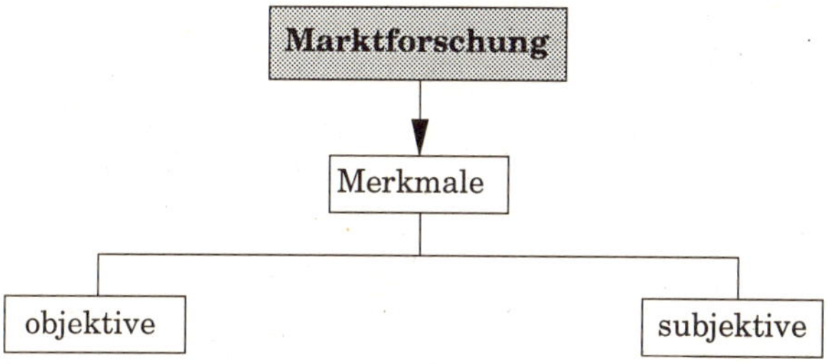

Zu den **objektiven Merkmalen** zählen z.B.

- Kaufhandlungen (Aktionen);
- Alter, Geschlecht, Familienstand (biologisch-demografische Merkmale);
- Beruf, Zugehörigkei zu einer sozialen Schicht;
- Einkommen, Wohnverhältnisse (soziografische Merkmale).

Zu den **subjektiven Merkmalen** zählen u.a.

- Wissen, z.B. um die Existenz einer Marke;
- Wahrnehmung, z.B. einer Werbebotschaft;
- Vorstellungen, Meinungen;
- Werthaltungen.

4.1.2 Konkurrenzforschung

Wie bei der Einführung eines neuen Produktes ist es auch bei anderen unternehmerischen Entscheidungen von besonderer Bedeutung, die **Konkurrenz zu erkunden**.

Dabei interessiert zunächst die *Anzahl der Mitbewerber*, ihre *Größe*, ihre *Leistungsfähigkeit* und ihre *Standorte*. Gefragt wird aber auch danach, bei welchen Produkten und Produktgruppen die Konkurrenz Schwerpunkte setzt und wie groß die *Marktanteile* dafür sind. Von besonderer Bedeutung ist die Frage nach den hauptsächlichen Absatzgebieten. Für die Gestaltung der eigenen Marketingstrategie ist es schließlich wichtig zu wissen, welches *absatzpolitische Instrumentarium* die Konkurrenz einsetzt.

Die Konkurrenzerkundung erstreckt sich nicht nur auf die Bereiche der direkten Konkurrenz, d.h. nicht nur auf die Mitanbieter des gleichen oder fast gleichen Produkts. Zu fragen ist auch immer nach der Konkurrenz durch Substitute.

4.2 Methoden der Marketingforschung

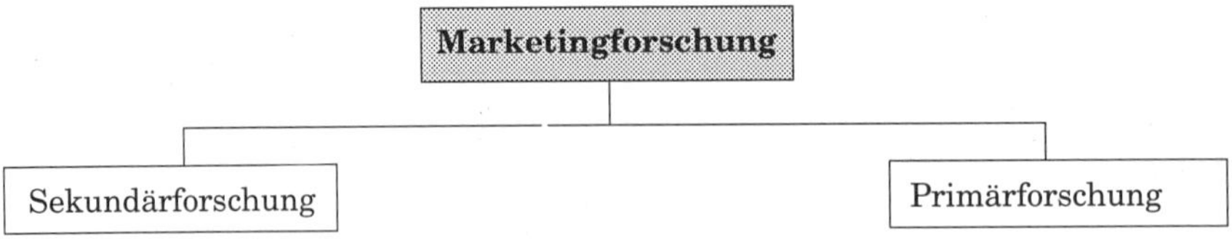

4.2.1 Sekundärforschung

Die Ostholmer Mühlenwerke (vgl. Einführungsbeispiel) haben Informationen, daß nach Änderungen des Verbraucherverhaltens die Nachfrage nach grobem Mehl zu-

nimmt, die Nachfrage nach einer anderen Mehlsorte abnimmt. Es liegen auch Informationen über das Verhalten von Mitbewerbern vor. Für die Einführung von Backmischungen benötigen die Ostholmer Mühlenwerke Informationen über die Mitbewerber, ihre Absatzgebiete, Artikel (Sorten) und Marketingaktivitäten.

Diese und ähnliche Informationen benötigt das Unternehmen, um seine Marketingaktivitäten angemessen ausgestalten zu können. Sie sind relativ leicht zu gewinnen, da das erforderliche Material bereits vorliegt. Es ist in anderen Zusammenhängen oder für andere Zwecke entstanden, gesammelt und aufbereitet. Jetzt wird es lediglich im Hinblick auf eine neue Fragestellung aufgearbeitet und zu weiteren Informationen herangezogen.

Wenn **vorhandenes Material** im Hinblick auf eine konkrete Fragestellung der Markt- und/oder Konkurrenzforschung erschlossen wird, spricht man von **Sekundärforschung**.

Für die Sekundärforschung kann das Material aus internen und externen Quellen stammen. **Internes Material** fällt im Unternehmen selbst an, in den Abteilungen, durch Vertreterberichte, durch Kundenmitteilungen usw. **Externes Material** stammt aus fremden Quellen. Das können Veröffentlichungen von Behörden (z.B. Statistiken), von Kammern (z.B. Berichte), von anderen Unternehmungen (z.B. Geschäftsberichte, Kataloge) sein, ebenso Aufsätze, Berichte, Anzeigen in Zeitschriften oder Zeitungen und Messeberichte.

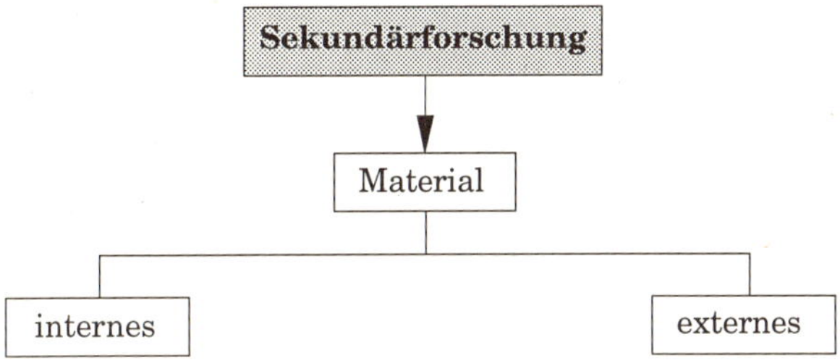

Sekundärforschung kann in der Regel ohne großen Aufwand betrieben werden. Das ist ihr besonderer **Vorteil**. Ihr **Nachteil** liegt darin, daß das Material nicht aktuell ist oder Fehler enthalten könnte. Dadurch werden Rückschlüsse und Prognosen belastet. Häufig reichen die auf dem sekundären Material beruhenden Informationen nicht aus, um anstehende Fragen zu beantworten.

4.2.2 Primärforschung

Häufig können die benötigten Informationen nicht dem bereits vorliegenden Material entnommen werden. Die erforderlichen **Daten** müssen vielmehr erst **erhoben** werden, und zwar in der Regel **am Orte ihrer Entstehung**; sie dienen primär der Markt- und/oder Konkurrenzforschung. Diese Informationssammlung bezeichnet man als **Primärforschung**.

Die Primärforschung ist aufwendiger als die Sekundärforschung. Ihr großer **Vorteil** liegt in der Aktualität der erhobenen Daten, die sich zudem auf die konkrete Fragestellung beziehen.

Die Methoden der Primärforschung sind Befragung, Beobachtung und Experiment.

4.2.2.1 Befragung

In dem Einführungsbeispiel will das Unternehmen (die Ostholmer Mühlenwerke) vor Einführung eines Produkts (Backmischungen) den Markt erkunden. Das Unternehmen benötigt Informationen über bisheriges und künftiges Verhalten der Käufer, über ihre Erwartungen, Einstellunen, Präferenzen usw., aber auch über das Verhalten der Mitbewerber, über ihre Zahl, ihre Größe und ihre Produkte.

Im konkreten Fall könnten die interessierenden *Fragekomplexe* folgendermaßen umschrieben werden.

1. Wie bekannt sind Backmischungen? Welche Einstellungen haben Verbraucher zu Backmischungen? Welche Personen bzw. welche Haushalte kaufen Backmischungen? Welche Produkte (Marken, Hersteller) werden in welchem Umfang, zu welchen Zeitpunkten, in welchen Geschäften gekauft? Welche Sorten werden bevorzugt?

2. Bestehen Kaufabsichten? Erkennt der Einzelhandel in zunehmendem Maße Kaufinteresse? Lassen sich Absichten der Konkurrenz zu Expansionen erkennen?

3. Welche Motive sind für den Kauf entscheidend? Welche Kaufanregungen gehen von Produktaufmachung und anderen Marketingaktivitäten aus?

Potentielle Käufer und Händler können befragt werden durch **Interviews** oder mit Hilfe von **Fragebogen**.

Interviews sind sehr aufwendig, sie haben aber den Vorteil großer Genauigkeit. Der Interviewer kann im Zweifelsfall Fragen erklären oder bei Unklarheiten rückfragen. **Fragebogenaktionen** haben zwei große Nachteile. Der eine liegt in dem erfahrungsgemäß geringen Rücklauf ausgefüllter Fragebogen, der andere in der geringen Möglichkeit, Einflüsse auf den Befragten bei der Bearbeitung des Fragebogens zu kontrollieren. Die Anwendungsmöglichkeiten von Fragebogen sind deshalb eingeschränkt. Einfache, nur einen sehr begrenzten Komplex betreffende Fragen werden so formuliert, daß sie lediglich durch Ankreuzen beantwortet werden müssen. Oder durch einen einfachen Lückentest wird geprüft, ob z.B. eine Werbebotschaft wahrgenommen wurde. (Rücksendern wird die Teilnahme an einem Preisausschreiben angeboten, um den Rücklauf zu erhöhen).

Für die Befragung, ob sie als Interview oder als Fragebogenaktion durchgeführt wird, gilt, daß sie auswertbare Informationen nur dann gewinnt, wenn die Frage im Sinne der Zielvorgabe eindeutig gestellt ist. Bei den Vorbereitungen von Interviews und Fragebogen ist das zu berücksichtigen. Darüber hinaus ist auch die **Befragungstaktik** von Bedeutung. Die Formulierung einer Frage, die Frageart, die Reihenfolge der

Fragen und Kontrollfragen helfen, die Antworten zu präzisieren. Zu unterscheiden sind u.a. die *direkte* von der *indirekten* Frage, die *geschlossene* Frage, auf die nur mit ja oder nein geantwortet werden kann, von der *offenen* Frage, die eine freie Formulierung der Antwort zuläßt.

4.2.2.2 Beobachtung

Die für bestimmte Marketingaktivitäten erforderlichen Informationen können gelegentlich auch durch Beobachtungen gewonnen werden. Beobachtet wird z.B. das Verhalten von Kunden, aus dem Rückschlüsse auf Produktgestaltung, auf Warenpräsentation, auf Verkaufsgespräche usw. möglich sind.

Wenn der Beobachter als Partner an der beobachteten Interaktion teilnimmt, z.B. als Kunde oder als Verkäufer, handelt es sich um eine sog. **teilnehmende Beobachtung**. Sie ist relativ selten. Häufiger ist die sog. **nichtteilnehmende Beobachtung**. Der Beobachter tritt nicht als Handelnder auf, er beobachtet vielmehr aus der Distanz das Verhalten von Personen und sammelt so die für seine Fragestellung interessierenden Daten und Informationen. Die Kundenlaufstudie im Einzelhandel ist ein Beispiel für nichtteilnehmende Beobachtung.

Der **Vorteil** der Beobachtung liegt darin, daß tatsächliches Verhalten beobachtet und analysiert werden kann. **Nachteilig** ist, daß die beobachteten Personen die Gesamtheit nur unzulänglich repräsentieren. Außerdem kann nur selten festgestellt werden, welche Gründe für die Handlungen entscheidend waren.

4.2.2.3 Experiment

In einem **Experiment** werden die Teilnehmer in einer **kontrollierten Versuchsanordnung** befragt oder beobachtet. Die Rahmenbedingungen für das Experiment werden durch die Zielvorgaben definiert.

In einem **Laborexperiment** sollen unter künstlich geschaffenen Rahmenbedingungen z.B. Motive für Kaufentscheidungen oder die Wirksamkeit von Produktnahmen erforscht werden.

Die Testpersonen werden angeregt, ihre Wünsche, Einstellungen, Meinungen und Erwartungen auf andere Personen zu übertragen (**Projektionen**). Dazu werden ihnen Bilder vorgelegt, die bestimmte Situationen darstellen. Diese Darstellungen sollen sie mit sinnvollen Texten versehen. In anderen Tests sollen die Probanden auf Reiz- oder Stimulanswörter spontan reagieren. Den Testpersonen werden Begriffe vorgelegt, denen sie andere Begriffe oder Merkmale spontan zuordnen sollen (**Assoziationen**). Diese können sie entweder frei wählen oder aus einer vorgegebenen Liste aussuchen. So könnten z.B. Pkw-Typen vorgegeben und dazu Fragen nach den Verbrauchertypen gestellt werden*).

---

*) Vgl. dazu das folgende Beispiel aus Schmalen, Helmut: Grundlagen und Probleme der Betriebswirtschaft, Köln 1980, S. 218

Beispiel:

Auto-Imageanalyse durch Assoziationstests

Folgende Automarken sind zuzuordnen: Opel Rekord, Golf, Mercedes, R 4, Fiat 124, Peugeot 504, Alpha Romeo GT, R 16, Citroen DS 21, Citroen 2 CV, Austin Mini.

a) ***Welche Berufsgruppe fährt welches Auto?***
Versicherungsverkäufer, Krankenschwester, Unternehmer, Fabrikarbeiter, Universitätsprofessor, Buchhalter, Rechtsanwalt, Berufssportler, Sekretärin, Arzt, Mannequin, Student, Politiker, Schauspieler, Ladenbesitzer, Sozialarbeiterin.

b) ***Welcher Personentyp paßt auf welches Auto?***
Gesetzter Mann mittleren Alters; verwöhnte Studentin; hartgekochter Geschäftsmann; perfekte Hausfrau; dünner, nervöser und temperamentvoller Mann; lebhafter Typ, der gutes Essen und scharfe Getränke liebt; ein rasch entschiedenes, energisches Karrieremädchen; ein hart arbeitender Familienvater; ein junger gescheiter Typ, der gerade anfängt.

c) ***Welches Auto paßt auf welche Beschreibung?***
Ein starker, schneller Wagen; ein idealer Wagen für lange Reisen; ein kleiner netter Wagen, komfortabel und nicht auffallend; ein konservativer, kräftiger, zuverlässiger Wagen; ein richtiger Bulldozer; der Wagen der Zukunft, ultra modern; ein Qualitätswagen, teuer, wurde gebaut um zu halten; ein Leichtgewicht, sieht dürftig aus; ein Schiff, plump aber gut konstruiert; ein sicherer, solider Wagen, auf den man sich verlassen kann.

d) ***Welches Auto ist das beste?***
Am zuverlässigsten, am stärksten, beste Konstruktion, am auffälligsten, am familienfreundlichsten, am konservativsten, am schönsten, am häßlichsten, für Männer, für Frauen, am wertlosesten, am wertvollsten.

Als eine besondere Form der Zuordnungstests kann das sog. **Polaritätsprofil** angesehen werden. Mit seiner Hilfe werden Einstellungen und Werthaltungen gegenüber Produkten, Marken, Produktaufmachungen oder Einzelhandelsgeschäften ermittelt und anschaulich dargestellt.

Für die befragte Sache werden in einer Tabelle Merkmale in ihren jeweils extremen Ausprägungen aufgeführt (z.B. schön - häßlich). Die Probanden können sich für eine der Ausprägungen mehr oder weniger entscheiden, indem sie in der Tabelle einen Wert in einer Punktskala von 1 - 7 ankreuzen.

Beispiel:

	1	2	3	4	5	6	7	
schön	├	┼	┼	┼	┼	┼	┤	**häßlich**

Sie ordnen den Merkmalen spontan Werte zu, die über die Punkte quantifizierbar werden. Aus den Einzelwertungen aller Testpersonen für alle Merkmale lassen sich Durchschnittswerte ermitteln, deren Darstellung das Polaritätsprofil ergeben.

In Abb. 12 wird für einen angenommenen Test das Ergebnis dargestellt. Die Darstellung soll beispielhaft die Einstellung der Verbraucher gegenüber Backmischungen nach dem Markttest mit einem Polaritätsprofil ermitteln, darstellen und mit dem allgemeinen Ergebnis vergleichen. Mit späteren Wiederholungen des Tests können Veränderungen der Einstellungen überprüft werden.

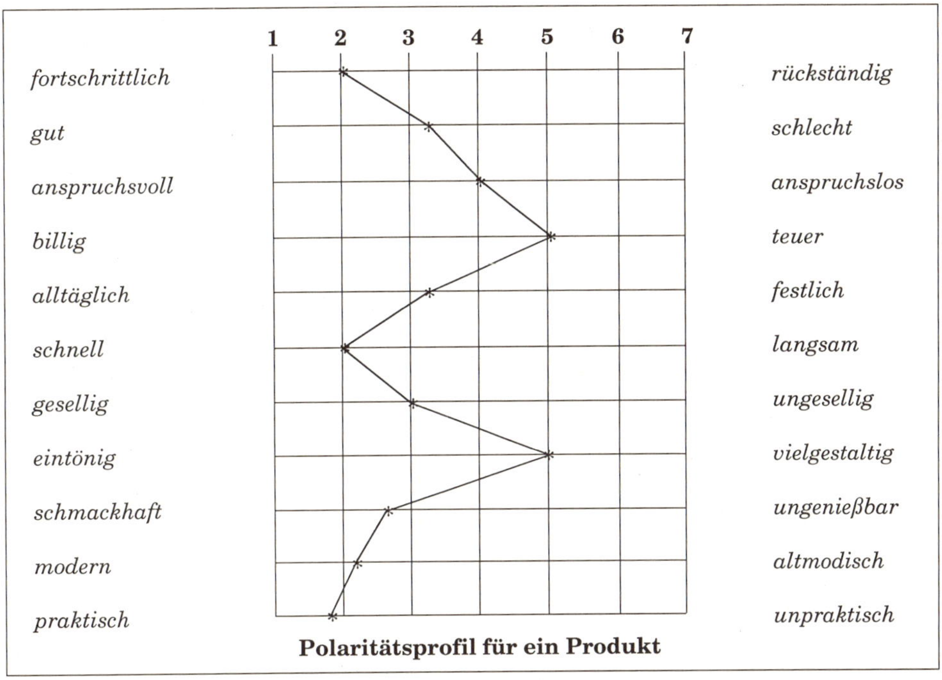

Abb. 12

Vom Labortest ist das **Feldexperiment** zu unterscheiden. Eine mögliche Form des Feldexperiments ist der **Markttest**. Ein Produkt wird auf einem begrenzten Markt getestet. Dabei soll vor allem die Wirksamkeit ausgewählter Marketinginstrumente geprüft werden. So könnten z.B. die Backmischungen der Ostholmer Mühlenwerke zunächst nur in Berlin auf verschiedenen Absatzwegen zu unterschiedlichen Preisen bei gleichzeitig laufender Werbung im Fernsehen und in Zeitungen angeboten werden.

Bei der Analyse des Ergebnisses ist zu beachten, daß dieses nicht nur von eigenen, sondern auch von den Marketingaktivitäten der Konkurrenz beeinflußt wird.

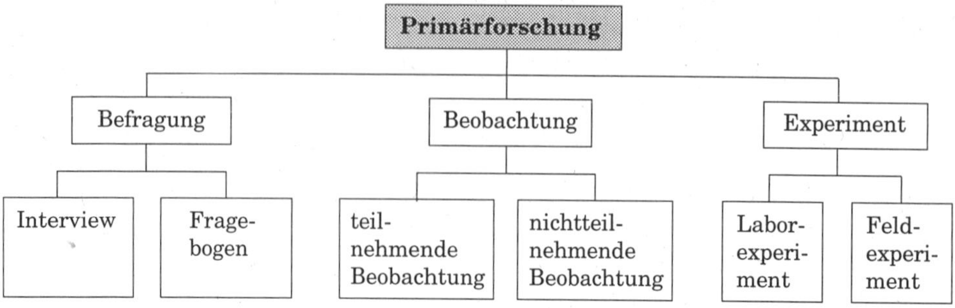

4.2.2.4 Stichproben

In der Regel werden die relevanten Informationen nicht von der Gesamtheit eingeholt. Es wird vielmehr eine Personengruppe ermittelt, die die Gesamtheit ausreichend repräsentieren kann. D.h. die Teilgesamtheit muß in ihrer Zusammensetzung der Gesamtheit entsprechen, so daß die erhobenen Daten Rückschlüsse auf die Gesamtheit in ausreichendem Maße zulassen. Voraussetzung ist u.a. daß die Gesamtheit exakt definiert wird. In dem als Beispiel angenommenen Fall könnten alle Haushaltungen in Schleswig-Holstein und Hamburg die Gesamtheit bilden.

Die Befragung einer Personengruppe, die die Gesamtheit repräsentieren soll, ist eine **Repräsentativerhebung**. Repräsentativerhebungen haben gegenüber Vollerhebungen erhebliche Vorteile. Sie sind weniger aufwendig bei Datenerfassung und -auswertung, sie sind schneller durchzuführen und - wegen der geringen Zahl der Daten - auch gründlicher aufzubereiten.

Es ist üblich, die Personen, die befragt werden sollen, durch eine Stichprobe zu ermitteln. Bei diesem **Stichprobenverfahren** werden Fehler, die durch Beschränkung der Befragung auf eine repräsentative Gruppe entstehen, berechenbar. Sie können deshalb bei Auswertung des Materials angemessen berücksichtigt werden.

Die Mitglieder der Stichprobe werden durch ein **Zufallsverfahren** bestimmt. Dadurch kann angenommen werden, daß die Zusammensetzung der Gruppe wahrscheinlich der Zusammensetzung der Gesamtheit entspricht. So repräsentiert dann die Stichprobe die Gesamtheit hinsichtlich der interessierenden Merkmale, z.B. der sozialen Schichtung, der Einkommenskategorien, der Haushaltsgrößen, der Konsumgewohnheiten, der Berufstätigkeit der Hausfrauen usw.

Bei der **uneingeschränkten Zufallsauswahl** würden in dem als Beispiel angenommenen Fall die in Frage kommenden Haushalte durchnumeriert und die Haushalte, die in die Stichprobe eingehen, mit Hilfe einer Reihe von Zufallszahlen bestimmt.

Die Aussagefähigkeit einer so ermittelten Stichprobe kann erheblich leiden, wenn die Merkmalsausprägungen in der Gesamtheit sehr streuen. Diesen Nachteil kann eine **geschichtete Stichprobe** umgehen. Bei einer geschichteten Stichprobe würde die Gesamtheit in Teilgesamtheiten, in sog. Schichten, zerlegt, die hinsichtlich eines

Merkmals bzw. einer Merkmalsausprägung homogen sind. Aus diesen homogenen Schichten werden dann die Stichproben genommen.

Auch bei der **Klumpenstichprobe** wird aus der Gesamtheit zunächst ausgewählt. Die Auswahleinheiten (Klumpen) sind heterogen; sie repräsentieren in ihren Zusammensetzungen die Gesamtheit. Aus einem Klumpen wird die zu untersuchende Stichprobe nach einem Zufallsverfahren genommen.

Stichproben können außer durch Zufalls- auch durch **Quotenverfahren** bestimmt werden. Vorgegeben werden in Quoten die relativen Anteile von Merkmalsträgern an der Stichprobe. Dadurch soll erreicht werden, daß diese Anteile der Gesamtheit entsprechen.

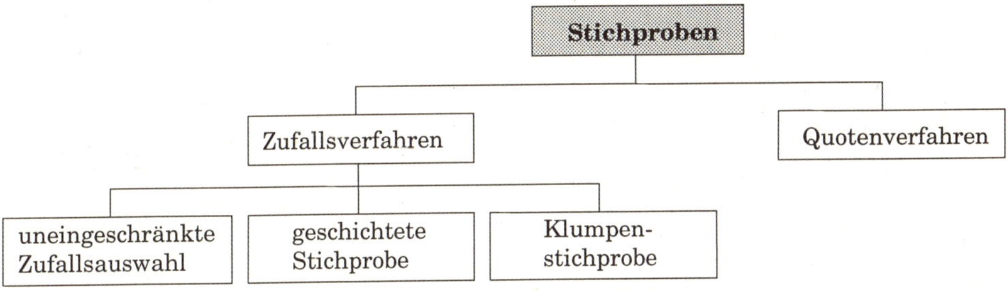

Es ist gelegentlich sinnvoll, einen in einer Stichprobe erfaßten Personenkreis über einen längeren Zeitraum zu beobachten. So wird es möglich, z.B. Verhaltensänderungen zu erfassen. Die Stichprobe bleibt also für einen längeren Zeitraum erhalten; diese **permanente Stichprobe** wird als **Panel** bezeichnet. Besondere Probleme eines Panels sind seine Sterblichkeit (die Teilnehmerzahl verringert sich durch Haushaltsauflösungen usw.) und der besondere Paneleffekt („Overreporting", die beobachteten Personen entwickeln durch die Teilnahme am Panel besondere Verhaltensweisen, z.B. besonders ausgeprägtes Preisbewußtsein).

Beispielhaft können für die Bundesrepublik Deutschland die folgenden Panels genannt werden:

- Einzelhandelspanels:
  Nielsen-Panel für den Nahrungs- und Genußmitteleinzelhandel; in den Nielsen-Gebieten*) werden in einer zufällig ausgewählten Anzahl von Einzelhandelsgeschäften Produkt-, Distributions- und Verkaufsförderungsdaten erfaßt,
  Elektrogerätepanel,
  Apothekenpanel u.a.;
- Verbraucherpanels:
  Verbrauchsgüterpanels,
  Individualpanels.

*) Nielsengebiete: 1. Hamburg, Schleswig-Holstein, Bremen, Niedersachsen; 2. Nordrhein-Westfalen; 3. a) Hessen, Rheinland-Pfalz, Saarland, 3. b) Baden-Württemberg; 4. Bayern; 5. Berlin; 6. Mecklenburg-Vorpommern, Sachsen-Anhalt, Brandenburg; 7. Thüringen, Sachsen

4.3 Käuferverhalten

Den Entscheidungen für Marketingaktivitäten eines Unternehmens liegen nicht nur die Daten zugrunde, die es durch eigene Forschung ermittelt hat, zumal sich diese meistens nur auf beschränkte Fragenkomplexe beziehen. Häufig reichen die ermittelten Daten nicht aus, um die anstehenden Fragen zu klären. Bekanntlich werden in einer Befragung nur bewußt erlebte Handlungen und Absichten berichtet und in einer Beobachtung kann nicht festgestellt werden, wie es zu bestimmten Entscheidungen kam. Zur weitergehenden Auswertung des Materials ist es deshalb sinnvoll, auf Erkenntnisse aus Soziologie und Psychologie bzw. auf Ergebnisse aus allgemeinen Markt- und Verhaltensforschungen zurückzugreifen.

4.3.1 Typen von Käuferverhalten

Eine weit verbreitete Einteilung von Käuferverhalten ist die folgende Typologie:

- Käufer verhalten sich **rational**. Sie kaufen ein Produkt erst dann, wenn sie durch Vergleiche und Informationen sicher sind, daß es ihre Bedürfnisse optimal befriedigt.

- Käufer verhalten sich **impulsiv**. Sie folgen beim Einkauf einer plötzlichen Weckung ihres Interesses. Sie werden zum Kauf eines Produktes angeregt z.B. durch seine Präsentation und Aufmachung und reagieren spontan.

- Käufer verhalten sich **gewohnheitsmäßig**. Sie haben für bestimmte Produkte auf Grund guter Erfahrungen Präferenzen entwickelt; sie haben sich an die Produkte, ihre Aufmachungen, Mengenabpackungen, Preise usw. gewöhnt und verzichten darauf zu prüfen, ob sie ihre Bedürfnisse nicht durch billigere Konkurrenzprodukte oder Substitute optimaler befriedigen können.

- Käufer verhalten sich **sozial abhängig**. Ihr Kauf wird stark beeinflußt von Bedingungen, die die soziale Umwelt vorgibt.

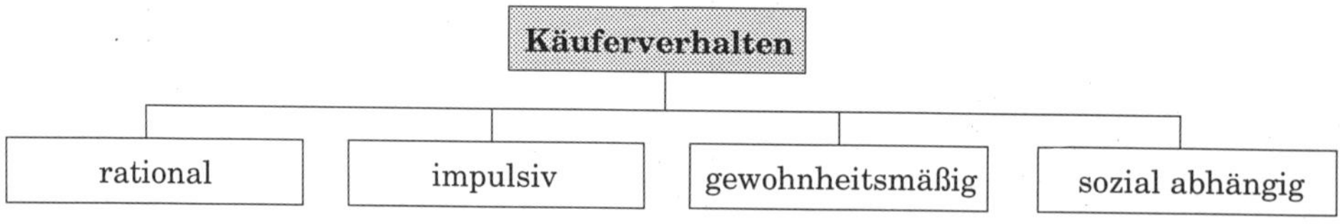

Diese Typen sind **Idealtypen**, sie kommen in „reiner“ Form nicht vor. Die Einteilung kann deshalb nur nach der im konkreten Verhalten vorherrschenden Orientierung erfolgen, die anderen - obwohl vorhanden - bleiben unberücksichtigt.

Die Typen werden genauer definiert, wenn zu ihrer Bestimmung mehrere Orientierungsgesichtspunkte bzw. Merkmale gleichzeitig herangezogen werden. In Anlehnung an

Mefferts Vorschlag können **Typen** danach gebildet werden, in **welchem Umfang** Orientierungsgesichtspunkte und Ausprägungen bestimmter **Merkmale das Kaufverhalten beeinflussen**. Erkennbar ist, daß dieser Einfluß abhängig ist von der Art der zu kaufenden Güter und Dienstleistungen, diese werden dadurch zur wesentlichen Grundlage der Typen.*)

So wird z.B. die Hausfrau beim Einkauf von Gütern des täglichen Bedarfs (z.B. übliche Lebensmittel, Zigaretten, einfache kosmetische Artikel) wie gewohnt vorgehen, Arten, Qualitäten, Mengen etc. sind „vorprogrammiert", sie trifft im Rahmen dieses Programms allein die Entscheidung. Diese Güter lassen sich folgendermaßen beschreiben:

- sie werden häufig gekauft, das kennzeichnet ihre Bedeutung im Konsumsystem;

- langfristige und planmäßige Mittelbildung ist nicht erforderlich;

- die Erfahrung mit ihnen ist groß, entsprechend gering ist die Notwendigkeit, sich über sie zu informieren;

- im sozialen Bezugssystem sind sie ohne Bedeutung.

Beim Einkauf von speziellen Gütern, das sind Güter des gehobenen, besonderen Bedarfs (wie z.B. Klavier, Pkw, Familienurlaub, Wohnung, Möbel), beeinflussen Mitverwender und Mitbenutzer den Kauf und das Kaufverhalten in (sehr) hohem Maß. Es entsteht wegen der Seltenheit des Bedarfs kein Kaufprogramm. Diese Güter lassen sich folgendermaßen beschreiben:

- sie werden selten gekauft, ihre Bedeutung im Konsumsystem ist hoch;

- ihre Anschaffung erfordert langfristige, planmäßige Mittelbildung (Sparen, Finanzierung);

- die Käufer haben geringe Erfahrung mit ihnen, deshalb sind umfangreiche Informationen erforderlich;

- im sozialen Bezugssystem haben sie große Bedeutung (Statussymbole).

Durch die obigen Ausführungen werden zwei polare Typen des Kaufverhaltens (A und Z) beschrieben. Es wird deutlich, daß das Verhalten einerseits von den Gütern und den zu ihrer Beschreibung herangezogenen Merkmalsausprägungen und andererseits vom Umfang der Orientierung an Mitverwender bzw. -benutzer und an Kaufprogrammen abhängt.

---

*) Meffert, Heribert: Marketing, Wiesbaden 1982, S. 112 ff.

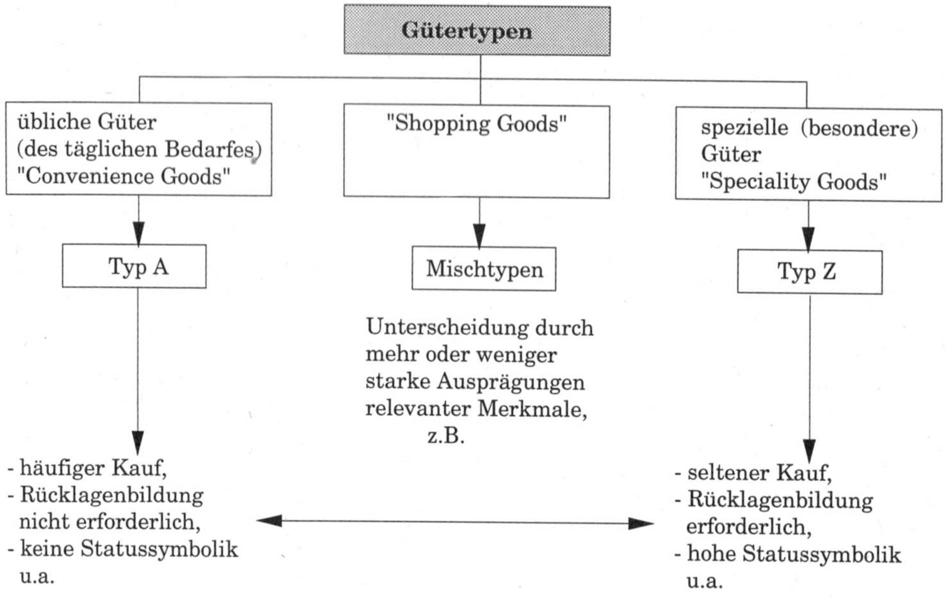

Es ist leicht einzusehen, daß zwischen den Typen A und Z Mischtypen liegen, die dadurch gekennzeichnet sind, daß Orientierungsdaten und Merkmale mehr oder weniger ausgeprägt das Verhalten beeinflussen.

4.3.2 Ansätze zur Erklärung einer Kaufentscheidung

Die Typologien erklären nicht oder nicht ausreichend, wie es letztlich zur Kaufentscheidung kommt. In die Entscheidung gehen viele Faktoren ein. Ihr Zusammenwirken in einer konkreten Situation führt dazu, daß sich ein Käufer für ein bestimmtes Produkt entscheidet.

Wenn zunächst von den Marketingaktivitäten abgesehen wird, so bleiben die **Faktoren, die mit der Person des Käufers zusammenhängen** (endogene Faktoren), um die Kaufentscheidung andeutungsweise zu erklären.

Zu den **endogenen Faktoren** zählen:

- **Ökonomische Faktoren**; der Käufer entscheidet nach dem ökonomischen Prinzip der Nutzenmaximierung, er berücksichtigt die Rangordnung der Ziele in seinem Wirtschaftsplan, vergleicht Preise und versucht, mit den vorgegebenen Mitteln ein möglichst gutes Ergebnis zu erzielen.

- **Psychologische Faktoren**; **Gefühle** und **Stimmungen** beeinflussen den Käufer, bestimmen Art und Umfang seiner Neigung, auf Werbung, auf Produkt und Produktgestaltung oder auf Partner im Verkaufsgespräch einzugehen.

Bedürfnisse motivieren den Käufer auf ein Ziel hin. Es handelt sich dabei um subjektiv empfundene Gefühle des Mangels, die der Betroffene beseitigen will. Sie lassen sich nach Maslow in einer Hierarchie von Schichten ordnen. Die unterste Schicht stellen die Grundbedürfnisse, die zweite Schicht die Sicherheitsbedürfnisse dar usw. (vgl. Abb. 13). Der Käufer befriedigt die Bedürfnisse in der Reihenfolge der Schichten und innerhalb der Schichten jeweils nach der Dringlichkeit, d.h. erst wenn die Grundbedürfnisse befriedigt sind, können Sicherheitsbedürfnisse befriedigt werden. Einstellungen, Vorurteile und Meinungen gegenüber Produkten und Marken bestimmen ebenfalls das Verhalten des Käufers; **Einstellungen** sind durch Lernvorgänge erworbene Bereitschaften, auf Reize zu reagieren, die von Produkten, Menschen, Aufmachungen, Werbungen, Marken, Themen usw. ausgehen. Gute Erfahrungen mit einer Marke prägen z.B. die positive Einstellung zu dieser Marke.

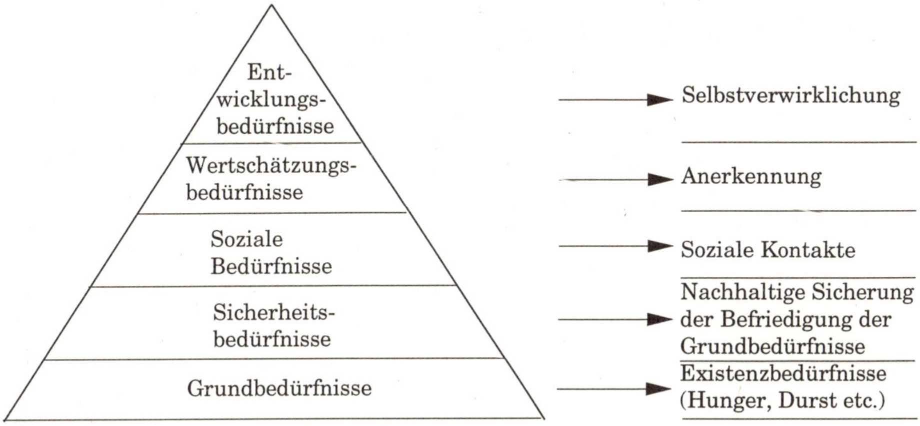

Abb. 13: Maslow-Pyramide (Bedürfnisschichten)

Quelle: Baßeler, Ulrich u.a., Grundlagen und Probleme der Volkswirtschaft, 4. Aufl., Köln 1981, S. 38 ff.

- **Soziologische Faktoren**; die Gesellschaft entwickelt für Mitglieder **Werte, Normen, Verhaltensregeln** und Vorschriften, die mehr oder weniger akzeptiert und verinnerlicht werden. Dadurch entstehen **Werthaltungen und Erwartungen** auch für das Kaufverhalten, das auch durch die **Zugehörigkeit zu einer bestimmten sozialen Schicht** beeinflußt wird. Bestimmte Konsumgewohnheiten können z.B. eine Schicht von den benachbarten Schichten abgrenzen. Besondere Einflüsse gehen von der **Familie**, von ihrer Größe und vom Alter ihrer Mitglieder aus. Jeder Käufer ist auch Träger von **Rollen**. Rollen werden durch die Erwartungen definiert, die an diese Rolle geknüpft sind und denen der Rolleninhaber in einer Interaktion (z.B. beim Einkauf) mehr oder weniger entspricht. Zu unterscheiden sind Statusrollen, die zugewiesen werden (z.B. Mutter), Positionsrollen, die erworben werden (z.B. Angestellte) und Situationsrollen (z.B. Käuferin), die sich durch eine zeitlich begrenzte Situation ergeben.

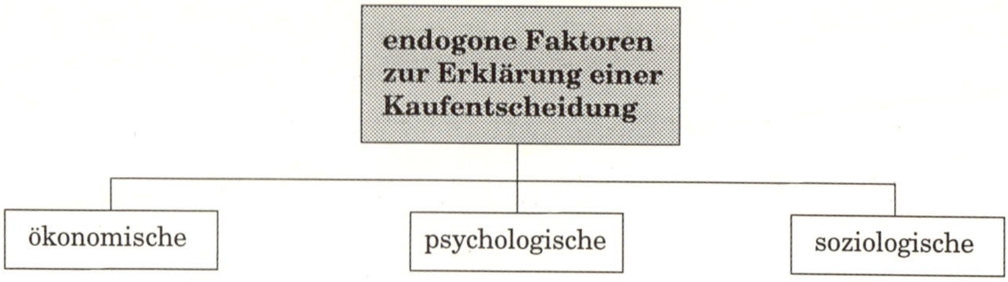

Die Ausführungen lassen sich schematisch zusammenfassen zu einem einfachen **Ansatz zur Erklärung einer Kaufentscheidung**.*)

1. Das Individuum „Käufer“ ist geprägt durch
   - Erbanlagen, Charakter,
   - soziale Herkunft, Erziehung, Bildung,
   - Schichtenzugehörigkeit,
   - Status und Position.

   Daraus ergibt sich seine Persönlichkeitsstruktur.
2. Diese bestimmt Fähigkeiten und Bereitschaft, den Erwartungen aus erworbenen und zugewiesenen Rollen zu entsprechen.
3. Das Maß der Entsprechung, d.h. der Rollenidentifikation, formt mehr oder weniger nachhaltig allgemeine Einstellungen, Werthaltungen und Verhaltensweisen.
4. Diese prägen auch Einstellungen mit relativer Nachhaltigkeit zu Produkten bzw. in einem Produktbereich.
5. Diese wiederum lenken besondere Einstellungen zu einer Marke oder Sorte.
6. Besondere Bedingungen einer Situation, z.B. Gefühle, Stimmungen, ökonomische Bedingungen, korrigieren die Einstellungen.
7. Daraus ergibt sich schließlich das Verhalten in der konkreten Kaufsituation.

4.4 Aufgaben der Marketingforschung

Die Marketingforschung liefert alle Daten, die über die Möglichkeiten und Probleme des Marktes, über Absatzchancen, über die Notwendigkeit von Marketingaktivitäten und deren mögliche Wirkung informieren. (Die Absatzmarktforschung ist insofern neben der Beschaffungsmarktforschung nur ein Aspekt der Marketingforschung).

Die Kenntnis der Daten ist notwendige Voraussetzung für die Absatzwirtschaft, um Chancen aufzugreifen und Risiken rechtzeitig durch den angemessenen Einsatz der verschiedenen Marketinginstrumente begegnen zu können.

---

*) in Anlehnung an *Meffert*: a.a.O., S. 135

Die Daten der Marketingforschung beeinflussen auch die Arbeit der anderen Unternehmensbereiche in hohem Maße, z.B. Produktion, Beschaffung und Lagerung. Die grundsätzliche Arbeit der Unternehmensführung, die Definition von Entscheidungen, wird ganz wesentlich von ihnen unterstützt.

Die Entscheidungen der Absatzwirtschaft und Unternehmensleitung beruhen u.a. auf den von der Marketingforschung gelieferten Informationen über

- die Entwicklung des Absatzes (Absatzprognose),
- das Alter des Produkts (Produktlebenszyklus),
- Möglichkeiten zur Segmentierung des Marktes.

4.4.1 Absatzprognose

Beispiel: *Die Ostholmer Mühlenwerke haben durch Marketingforschung Informationen über Käufer und Konkurrenz, über Qualität des Produkts, Produktaufmachung, Preis, Absatzwege usw. erhalten. Sie haben bereits einen begrenzten Markt, das Nielsengebiet Berlin, getestet. Die Ergebnisse liegen vor. Die Auswertung der Daten zeigt, daß zumindest im Augenblick (unter den in Berlin getesteten Voraussetzungen) Absatzchancen für Backmischungen vorhanden sind. Der Markt ist offensichtlich aufnahmefähig. Es besteht ein wachsender Markt. Für Packungen und grundsätzliche Entscheidungen in Produktion und Absatz benötigen die Mühlenwerke jedoch Informationen darüber, ob diese Chancen auch weiterhin bestehen. Sie müssen also auf der Grundlage des vorliegenden Materials versuchen, die Absatzentwicklung und den künftigen Absatz zu prognostizieren.*

Eine Absatzprognose ist eine **Vorhersage des zukünftigen Absatzes eines Produktes** an bestimmte Abnehmer in einem bestimmten Zeitabschnitt mit bestimmten Marketingaktivitäten. Die Prognose muß **gestützt** sein **auf Daten**, die durch die Marketingforschung gewonnen wurden; die Prognose wird mit mathematisch-statistischen Methoden ermittelt.

Die Prognose soll Auskunft geben

- über die künftige Aufnahmefähigkeit des Marktes für das Produkt, d.h. über die Entwicklung des **Marktpotentials**;

- über den Anteil des eigenen Produkts am Marktpotential, der gemäß Zielvorgabe maximal möglich ist, d.h. das **Absatzpotential**;

- über die Entwicklung der Absatzmenge der Branche, die als wahrscheinlich realisierbar angenommen wird, d.h. das **Marktvolumen**;

- über die Entwicklung der Absatzmenge des eigenen Produkts, die als wahrscheinlich realisierbar angenommen wird, d.h. das **Absatzvolumen**.

Schließlich soll die Vorhersage auch den wahrscheinlichen **Marktanteil** prognostizieren (Marktanteil = Absatzvolumen : Marktvolumen).

Der Anteil des Marktvolumens am Marktpotential gibt an, ob es sich um einen wachsenden oder um einen gesättigten Markt für ein Produkt handelt. Bei wachsenden Märkten ist der Anteil des Marktvolumens am Marktpotential gering, bei gesättigten Märkten hoch.

4.4.2 Alterung von Produkten

Das Einführungsbeispiel zeigt, daß Produkte „Lebensläufe" haben, sie sind „jung", d.h. neu auf dem Markt oder sie sind veraltet, d.h. sie können nicht mehr oder nur mit Überwindung erheblicher Marktwiderstände verkauft werden. **Produkte unterliegen** offensichtlich **einem Alterungsprozeß**. Art und Umfang der Marketingaktivitäten hängen von diesem Prozeß ab. Marktforschung und -beobachtung sowie die Analyse des Käuferverhaltens geben Aufschluß darüber, wie alt das Produkt ist, in welcher Entwicklungsphase bzw. „Lebensphase" es sich befindet.

Der Alterungsprozeß hängt u.a. von Veränderungen der Nachfrage, von Veränderungen der Mode und der Technik, von Veränderungen derEinstellungen und Auffassungen der Käufer, von zunehmenden Substitutionsmöglichkeiten, von abnehmender Kaufkraft und von zunehmender Marktsättigung ab.

Es kann unterstellt werden, daß Produkte unterschiedlich lange Lebenszyklen aufweisen. Die Phasen eines Lebenszyklusses lassen sich am zweckmäßigsten anhand der Kriterien Umsatz und Gewinn für das Produkt beschreiben. Der Umsatz steigt bei erfolgreicher Markteinführung zunächst mit zunehmenden, dann mit abnehmenden Zuwachsraten an und nimmt bei Marktsättigung ab (d.h. bis zum Wendepunkt der Umsatzkurve steigt der Grenzumsatz und nimmt dann ab bis der Umsatz sein Maximum erreicht hat). Der Gewinn nimmt nach einer Verlustphase zunächst relativ rasch zu und dann allmählich ab. (Vgl. dazu Abb. 14).

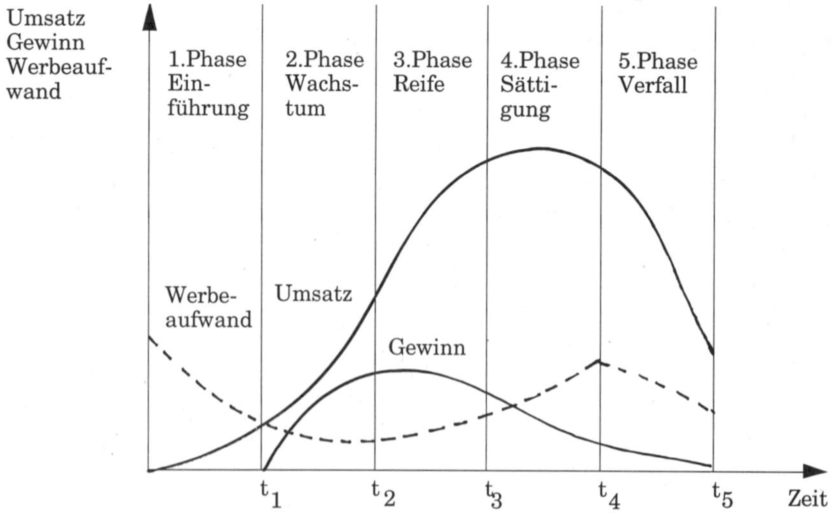

Abb. 14: Phasen des Lebenszyklusses von Produkten

Die einzelnen Phasen:

1. Phase: Einführung

Besondere, aufwendige Marketingaktivitäten führen zu allmählichen Umsatzanstieg, sie bringen aber auch Verlust.

2. Phase: Wachstum

Die Gewinnzone beginnt, der Umsatz steigt weiter mit zunehmenden Raten. Der Bekanntheitsgrad des Produkts wächst. Konkurrenz tritt auf.

3. Phase: Reife

Der Umsatz nimmt weiter zu, allerdings mit abnehmenden Zuwachsraten. Der Gewinn nimmt allmählich ab. Die Konkurrenz wird stärker. Das führt zu verstärktem Einsatz eigener Marketingaktivitäten.

4. Phase: Sättigung

Der Umsatz erreicht seinen Höhepunkt, Zuwächse sind nicht mehr zu erwarten. Evtl. geht der Umsatz trotz vermehrter Marketingaktivitäten bereits zurück. Mitbewerber treten vermehrt auf. Es werden in zunehmendem Maße Substitute angeboten.

5. Phase: Verfall

Die Substituierbarkeit des Produkts nimmt zu, die Bedeutung des Produkts für die Verbraucher nimmt ab. Das Produkt ist allmählich überaltert wegen der technischen und/oder modischen Entwicklung. Der Umsatz nimmt in starkem Maße ab. Gewinn wird kaum noch erreicht. Das Produkt muß schließlich vom Markt genommen werden.

Die Darstellung veranschaulicht, daß ein Produkt verschiedene Phasen seiner Marktgängigkeit durchläuft, die mit den Kriterien Umsatz und Gewinn beschrieben werden. Aber die Beschreibung der Phasen macht bereits deutlich, wie schwer es ist, die einzelnen Phasen voneinander abzugrenzen. Die Dauer der einzelnen Phasen sind nicht bestimmbar. Es lassen sich mit Hilfe des Modells keine Voraussagen über Lebensdauer, Umsatz- und Gewinnhöhe machen. Bestimmte Marketingaktivitäten für einzelne Produkte sind aus dem Modell nur mit Vorsicht abzuleiten. Im übrigen können solche Marketingmaßnahmen zur Veralterung des Produktes beitragen.

4.4.3 Marktsegmentierung

4.4.3.1 Begriff und Segmentierungskriterien

Unter Marktsegmentierung versteht man die **Einteilung des Marktes für ein Produkt in Gruppen von Käufern, die nach bestimmten Kriterien gleichartig sind**. Die gleichartigen Gruppen bezeichnet man als Segmente. Segmente lassen sich dadurch kennzeichnen, daß die in ihnen zusammengefaßten Käufer beschreibbare Erwartungen und Einstellungen gegenüber einem Produkt haben. Die Leistung des Anbieters besteht darin, diese Erwartungen und Einstellungen in seine Strategie der Marktbearbeitung einzubeziehen und ihnen sein Produkt anzupassen.

Für das Produkt Backmischungen ließen sich z.B. andeutungsweise Segmente mit folgenden Kennzeichen ausmachen: traditionsbewußte Käufer, fortschrittliche Käufer, Haushalte mit großem Verbrauch, Kleinverbraucher, Haushalte mit geringem, mit hohem Einkommen, Haushalte mit regelmäßigem Gebäckkonsum u.ä.

Die Segmente müssen ausreichend groß und von Dauer sein, damit sich der Einsatz besonderer Marketingaktivitäten auch lohnt.

Für die Zuweisung von Käufern zu bestimmten Segmenten läßt sich eine Reihe von Gesichtspunkten nennen, z.B.

- das Geschlecht des Käufers und derjenigen, die beim Kauf mitentscheiden, das Produkt mitbenutzen bzw. mitverwenden;
- das Alter des Käufers, der Mitbenutzer und -verwender;
- die Haushaltsgröße;
- das Haushaltseinkommen;
- die Zugehörigkeit zu einer sozialen Schicht, dabei wird in der Regel sehr grob nach Ober-, Mittel- und Unterschicht unterschieden und als Zuweisungskriterien Höhe des Einkommens, Berufe, Bildungsansprüche u. dgl. gewählt;
- Einstellungen gegenüber dem Produkt, Erwartungen an das Produkt;
- andere Verhaltensmerkmale.

Die aufgezählten Kriterien haben für die Bildung von Segmenten im Hinblick auf bestimmte Produkte oder Produktgruppen unterschiedliches Gewicht. So ist z.B. in einer „nivellierten Mittelstandsgesellschaft" (Schelsky), in der sich die Konsumgewohnheiten in weiten Kreisen der Bevölkerung stark angleichen, das Kriterium „Schichtzugehörigkeit" eher von untergeordneter Bedeutung.

Von erheblich größerer Bedeutung erweisen sich allerdings **die psychologischen Segmentierungskriterien**, z.B. Erwartungen, Verhaltensmerkmale, Einstellungen usw. Sie lassen eher Rückschlüsse auf tatsächliches Verhalten beim Kauf zu, so daß Marketingmaßnahmen für die von ihnen mitgeprägten Segmente erfolgreicher sind.

Marketingaktivitäten beziehen sich in der Regel nicht auf einzelne Segmente. Zielgruppen sind häufig gebildet aus einer Kombination mehrerer Segmentierungskriterien. Die Zielgruppe für die Werbung für Backmischungen (berufstätige Hausfrauen mit mittlerem bis hohem Einkommen) könnte aus den Segmenten Hausfrauen, berufstätige Frauen, Bezieherinnen entsprechender Einkommen gebildet werden.

4.4.3.2 Segmentierung und Marktbearbeitung

Marktbearbeitungsstrategien können danach unterschieden werden, wie sie Marktsegmente erfassen und auf sie eingehen.

So ist der Fall denkbar, daß die Absatzwirtschaft nur ein großes Segment erfaßt und lediglich mit Mitteln der Werbung bearbeitet. Ein Unternehmen mit Massenproduktion hat zwar den Vorteil der Kostendegression (niedrige Stückkosten), es muß aber, um die Gütermenge in dem einen Segment u.U. auch noch gegen den Konkurrenzdruck absetzen zu können, aufwendige Werbung betreiben, so daß erhebliche Marketingkosten entstehen. Der Verzicht auf eine andere Segmentierung und auf entsprechende Differenzierung der Marktbearbeitung bringt also eher Nachteile. Diese Art der Marktbearbeitung wird als **undifferenzierte Marktbearbeitungsstrategie** bezeichnet.

Es ist auch möglich, daß sich ein Unternehmen auf ein Segment konzentriert, um hier eine starke Position zu erreichen und auszunutzen. Es bearbeitet diesen Teilmarkt, indem es z.B. stark auf seine besonderen Bedingungen eingeht, etwa auf besondere Käuferwünsche.

Diese Strategie der Marktbearbeitung mit starker Konzentration auf ein Segment wird als **konzentrierte Marketingstrategie** bezeichnet. Beispiele für konzentrierte Marketingstrategie lassen sich u.a. in der Möbelbranche finden („Möbel für junge Leute").

Das eigentliche Marketing ist die **differenzierte Marketingstrategie**. Ein Unternehmen versucht, alle in Betracht kommenden Segmente zu erfassen und angemessen zu bearbeiten. Es geht auf die differenzierte Nachfrage ein und erreicht dadurch nicht nur die Steigerung des Umsatzes, sondern auch eine Verminderung des Absatzrisikos. Die Mittel, die das Unternehmen bei differenzierter Marketingstrategie einsetzt, stammen aus der Kontrahierungs-, der Produkt-, der Kommunikations- und der Distributionspolitik.

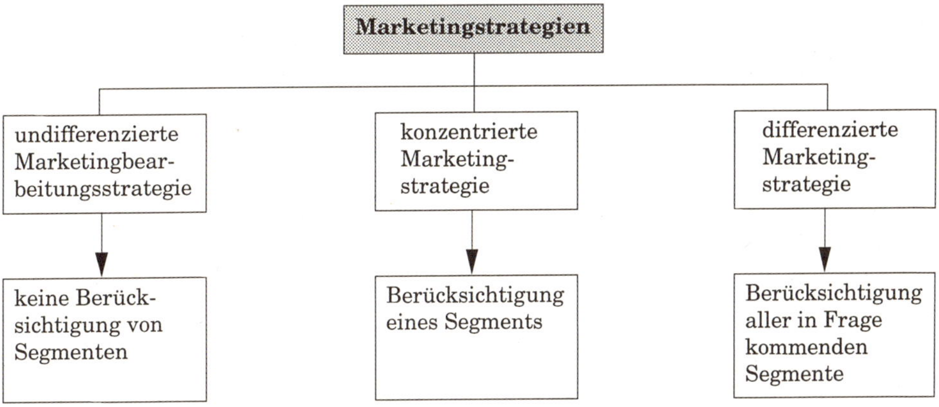

5. Marketingaktion - Instrumente des Marketing

5.1 Kontrahierungspolitik

Ein Unternehmen versucht, die Bedingungen für sein Angebot so zu gestalten, daß die von ihm erstellten Leistungen den Marketingzielen entsprechend verkauft werden. Die Gestaltung dieser Bedingungen, die schließlich Teil des Kaufvertrages, des Kontraktes werden, bezeichnet man als Kontrahierungspolitik. Dazu zählen Preis- und Rabattpolitik sowie die Bedingungen für Lieferung und Zahlung.

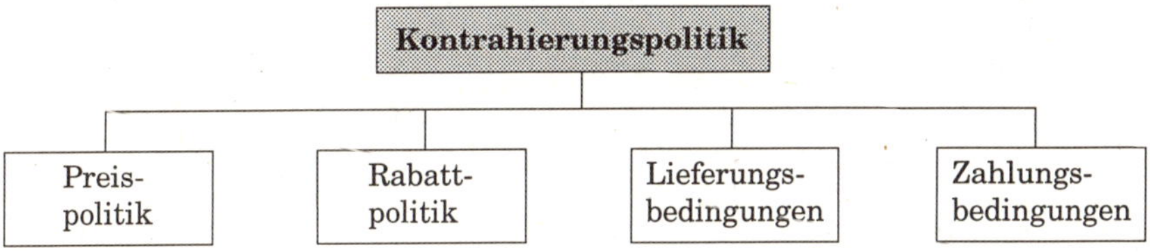

5.1.1 Preispolitik

Beispiel: *Die Ostholmer Mühlenwerke haben bei ihrer Marktforschung u.a. die Preis analysiert, mit denen die Konkurrnz Backmischungen auf den Markt bringt. Sie werden sich diesen Preisen langfristig anpassen und dem Handel entsprechende Preisempfehlungen geben.*

Für den Absatz des Weizenmehls Typ 405 werden verschiedene Käufersegmente mit Preisdifferenzierung erschlossen. Für das grobe Mehl soll u.a. über den Handel mit Sonderangebotspreisen geworben werden.

Die Zentrale der Handelskette „A bis Z“ kauft bei den Ostholmer Mühlenwerken in großen Mengen und deshalb zu günstigen (Preis-)Bedingungen ein. Die Preisvorteile gibt sie an den angeschlossenen Handel weiter, also auch an den Einzelhandel, dessen Preisgestaltung dadurch wesentliche Vorgaben erhält.

Diese einfachen Beispiele können andeuten, was Preispolitik ist. Als **Preispolitik** werden **alle Maßnahmen eines Anbieters zur Gestaltung, Festsetzung, Beeinflussung, Variation und Präsentation der Absatzpreise** bezeichnet, mit denen er seine Marketingziele erreichen will. Mit diesen Maßnahmen richtet er sich sowohl an den Wiederverkäufer als auch an den Endverbraucher. Marketingziele können u.a. sein: Anpassung des Absatzes an die Produktion, Verbesserung der Kosten- oder Beschäftigungssituation, Einführung eines neuen Produkts, Gewinnung von Marktanteilen, Ausschaltung von Mitbewerbern. Langfristiges Ziel ist die Verbesserung der Gewinnsituation (Gewinnmaximierung).

5.1.1.1 Einflußgrößen

Die Beispiele deuten auch auf Einflußgrößen hin, von denen die erfolgreiche Durchsetzung preispolitischer Maßnahmen abhängig ist. Folgende Einflußgrößen, die mehr oder weniger eng zusammenhängen, lassen sich erkennen:

- Die **Marktform**, d.h. die Zahl der Mitbewerber und ihre Reaktionen beeinflußt das preispolitische Verhalten.

- Der vor allem durch **Präferenzpolitik** und durch mangelnde Markttransparenz geschaffene **preispolitische Spielraum** gestatten dem Anbieter (in Grenzen) Preissetzungen, Preisvariationen usw.

- Die Reaktion der Nachfrager, die sich in den **Elastizitäten** der Nachfrage in bezug auf die Preise ausdrücken.

- Die **Kosten** als Grundlage der preispolitischen Überlegungen; d.h. Absatzpreise sollen langfristig die Stückkosten zwar decken, können sie aber kurzfristig durchaus für bestimmte Preisstrategien unterschreiten.

Das weist darauf hin, daß eine wichtige Einflußgröße für Preispolitik (vor allem auch im Handel) die Kosten, insbesondere die **Beschaffungskosten**, sind.

5.1.1.2 Marktform und Preispolitik

a) Preispolitik im Polypol

Auf einem polypolistischen Markt steht eine große Zahl von Anbietern mit kleinen Anteilen einer großen Zahl von Nachfragern gegenüber. Das ist eine Situation, die im Handel vorkommen kann.

Unter den Voraussetzungen des vollkommenen Marktes herrscht **atomistische Konkurrenz**. Der Polypolist ist hier Mengenanpasser. Für ihn ist der Preis ein Datum, er wird ihm vom Markt vorgegeben. Um seinen Gewinn zu maximieren, kann er nur seine Angebotsmenge den Bedingungen anpassen. Er wird deshalb versuchen, die Menge anzubieten, bei der sein Gewinn am größten ist. Der Zusammenhang läßt sich über die folgenden Zeichnungen erläutern.

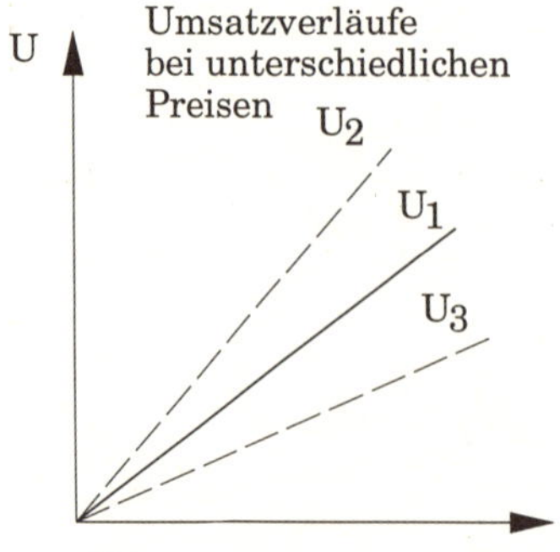

Abb. 15

Abb. 15 stellt den Umsatzverlauf des Mengenanpassers dar. Der Umsatz ist das Produkt aus Menge und Preis (U = x · p); bei einem Preis von z.B. 1,- DM/Stück steigt der Umsatz mit zunehmender Absatzmenge in der dargestellten Form (U_1). Bei höherem Preis (z.B. 1,50 DM) würde die Umsatzkurve steiler (U_2), bei niedrigerem Preis (z.B. -,50 DM) flacher (U_3) verlaufen.

Abb. 16 verbindet Umsatz und Kosten. Vom Schnittpunkt der beiden Kurven an erzielt der Mengenanpasser Gewinn (Break-even-point). An der Kapazitätsgrenze ist der Gewinn am größten, er wird also die entsprechende Menge (x_1) anzubieten versuchen.

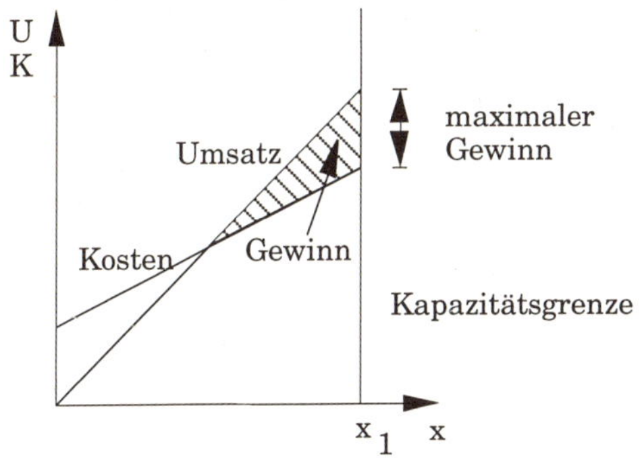

Abb. 16

Unter der Annahme eines s-förmigen (ertragsgesetzlichen) Kostenverlaufs ergibt sich für den Zusammenhang die Darstellung in Abb. 17.

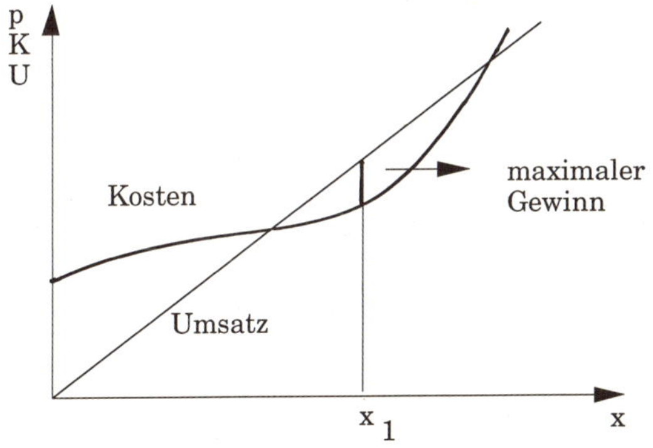

Abb. 17

Abb. 18 stellt zu den Annahmen der vorhergehenden Zeichnung Grenzkosten und Stückkosten dar. p_1 ist der Marktpreis. Im Schnittpunkt der entsprechenden Preisgeraden mit der Grenzkostenkurve liegt der maximale Gewinn. Die Menge x_1 entspricht der Menge x_1 in Abb. 17. Der Preis ist beim Gewinnmaximum gerade so hoch wie die zusätzlichen Kosten, die bei der zuletzt produzierten (angebotenen) Einheit entstanden sind. p = GK ist die Bedingung für die Gewinnmaximierung des Anbieters, der sich (mehr oder weniger) als Mengenanpasser verhält. Sein Stückgewinn ist die Differenz zwischen Preis und Stückkosten.

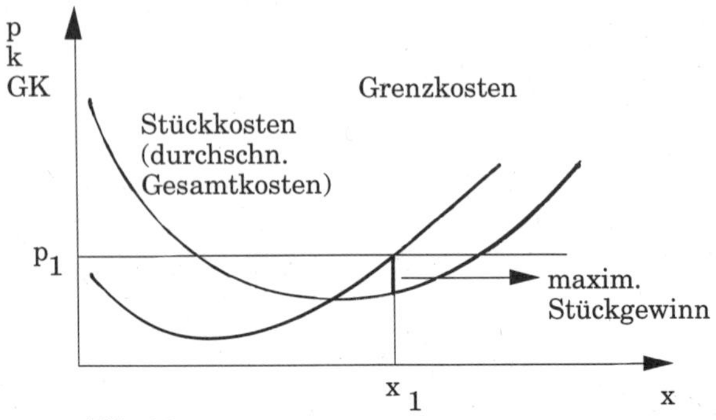

Abb. 18

Anmerkung: Mit der gleichen Zeichnung (vgl. Abb. 18) können noch zwei andere wichtige Zusammenhänge verdeutlicht werden. Steigt der Preis (z.B. auf p_2), dehnt sich die Menge über p = GK aus (z.B. auf x_2), sinkt der Preis, nimmt die Menge über p = GK entsprechend ab. Der aufsteigende Strahl der Grenzkostenkurve gibt also die Relation zwischen Preisen und Mengen eines Anbieters an, er stellt deshalb seine individuelle Angebotskurve dar.

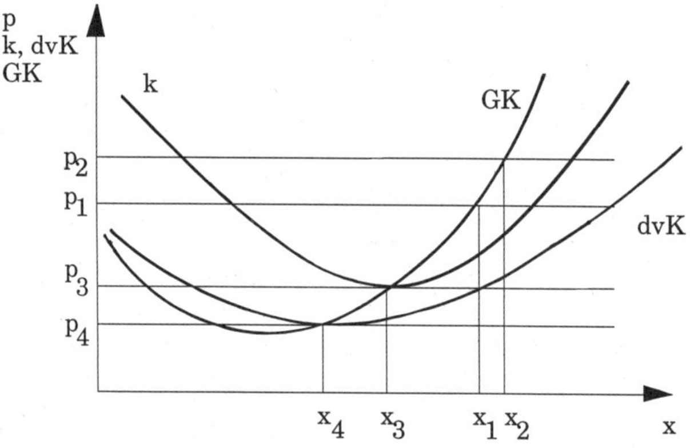

Abb. 19

Bei einem Preis p_3 sind die Stückkosten (durchschnittliche Gesamtkosten) noch gedeckt. Langfristig ist dieser Preis deshalb die Preisuntergrenze des Anbieters. Kurzfristig kann er auch darunterliegende Preise verkraften, wenn sie wenigstens noch die variablen Stückkosten decken. Die kurzfristige Preisuntergrenze wird hier durch p_4 gegeben, bei diesem Preis sind die variablen Stückkosten noch gedeckt.

Bei fehlender Markttransparenz erhalten Polypolisten Spielraum für die Gestaltung der Angebotspreise. Gelegentlich haben Haushalte für einen bestimmten Einzelhändler, seine Waren oder sein Geschäft persönliche, sachliche und/oder örtliche Präferenzen. Durch diese Präferenzen entstehen ebenfalls preispolitische Spielräume. Innerhalb mehr oder weniger enger Grenzen kann der Anbieter also auch seine Preise fixieren, ohne befürchten zu müssen, daß Kunden zur Konkurrenz abwandern (**polypolistische Konkurrenz**).

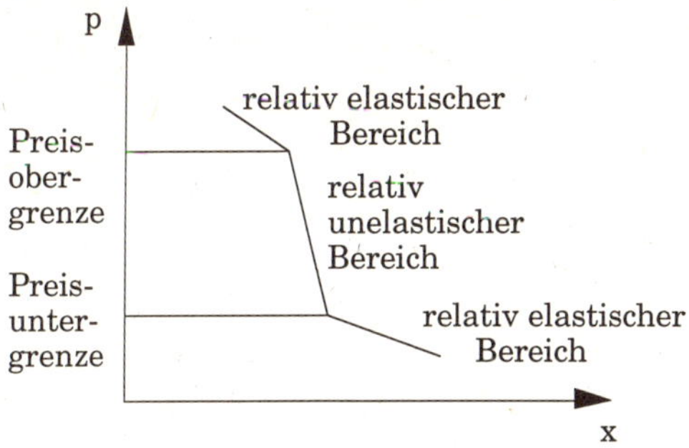

Abb. 20: Geknickte Nachfragekurve

Die Nachfragekurve könnte dann den in Abb. 20 dargestellten Verlauf haben (geknickte Nachfragekurve). Im relativ unelastischen Bereich kann der Polypolist den Preis erhöhen, die Menge geht nur unwesentlich zurück. Bei Preiserhöhungen über die Preisobergrenze hinaus würde die Nachfragemenge stark abnehmen.

b) Preispolitik im Monopol

In einem Angebotsmonopol gibt es für ein Produkt nur einen Anbieter. Er kann den Preis (p) selbst setzen. Über die Preis-Absatz-Relation (Nachfragekurve) ergibt sich die diesem Preis entsprechende Menge (x). Die jeweilige Preismengenkombination bestimmt die Höhe des Umsatzes ($U = p \cdot x$).

Zur Veranschaulichung wird im folgenden für eine angenommene Funktion ($x = 10 - p$) eine Tabelle erstellt (Tab. 4) und die ermittelten Werte in einer Grafik dargestellt (Abb. 21).

In der Tabelle werden zu den Preisen von 10 - 0 die über die Funktionsgleichung ermittelten Mengen angegeben. Die dritte Spalte nimmt den Umsatz ($U = p \cdot x$) auf.

Preis p	**Menge x**	**Umsatz p · x**	**Elastizität E**	
10	0	0	–	
9	1	9	– 9	
8	2	16	– 4	$E < -1$
7	3	21	– 2,3	
6	4	24	– 1,5	
5	5	25	– 1	
4	6	24	– 0,6	
3	7	21	– 0,4	
2	8	16	– 0,2	$E > -1$
1	9	9	– 0	
0	10	0	–	

Tabelle 4

Die Zahlen werden als Nachfragekurve und Umsatzkurve dargestellt (Abb. 21). Die Nachfragekurve hat die als Regelfall bekannte Form, die Umsatzkurve hat die Gestalt einer Parabel, da der Umsatz mit zunehmender Menge (und abnehmendem Preis) zunächst zunimmt (mit abnehmenden Raten) und dann abnimmt (mit zunehmenden Raten). Umgekehrt führen abnehmende Mengen (bei steigenden Preisen) zunächst zu Umsatzsteigerungen und dann zu Umsatzminderungen.

Ein Anbieter, der seinen Angebotspreis zur Erhöhung seines Umsatzes ändert, muß also die Wirkung richtig einschätzen.

Zwei Beispiele sollen das Problem verdeutlichen (vgl. dazu Tab. 4 und Abb. 21).

1. Preiserhöhung von 6 auf 7: die Menge geht zurück von 4 auf 3, der Umsatz geht zurück von 24 auf 21.

2. Preiserhöhung von 2 auf 3: die Menge geht zurück von 8 auf 7, der Umsatz steigt von 16 auf 21.

(Das 1. Beispiel ist in Abb. 21 ausgeführt; das 2. Beispiel läßt sich in Anlehnung an das 1. Beispiel leicht nachvollziehen.)

Die Elastizität beträgt im 1. Fall - 1,5, im 2. Fall - 0,25. Preiserhöhungen führen also bei relativ elastischer Nachfrage zu einem Umsatzrückgang, bei relativ unelastischer Nachfrage zu einer Umsatzsteigerung. (Die Wirkungen von Preissenkungen können entsprechend abgeleitet werden.)

In Tabelle 4 werden in der letzten Spalte die Elastizitäten angegeben. Es wird gezeigt, daß Preissteigerungen bei $E < -1$ zu Verminderungen des Umsatzes, bei $E > -1$ zu Steigerungen des Umsatzes führen. (Die beiden Elastizitätsbereiche sind auch in Abb. 21 angegeben.)

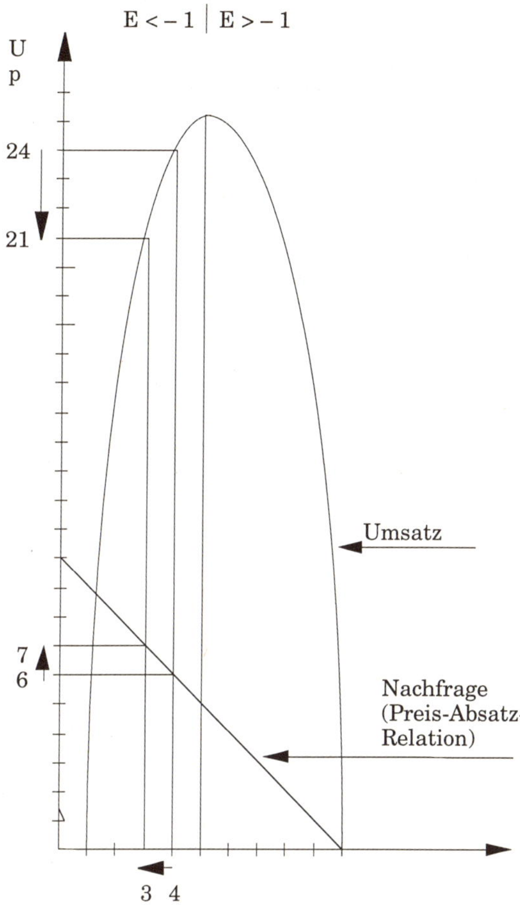

Abb. 21

Die Tabelle 5 faßt die Ausführungen über Wirkungen von Preisänderungen auf Umsatzänderungen in Abhängigkeit von den Elastizitäten zusammen.

Elastizität	elastische Nachfrage E < − 1	unelastische Nachfrage E > − 1
Preiserhöhung	Umsatzrückgang	Umsatzsteigerung
Preissenkung	Umsatzsteigerung	Umsatzrückgang

Tab. 5

Der Anbieter, der den Preis fixieren kann, wird ihn so setzen, daß der Gewinn maximiert wird. In die Überlegungen sind also die Kosten einzubeziehen.

Abb. 22 zeigt den Sachverhalt bei linearem Kostenverlauf. Bei dem größten Abstand zwischen Umsatz und Kosten ergibt sich über die Preis-Absatz-Relation (Nachfragekurve) die entsprechende Preis-Mengen-Kombination. Abb. 23 stellt den gleichen Sachverhalt bei s-förmigem Kostenverlauf dar.

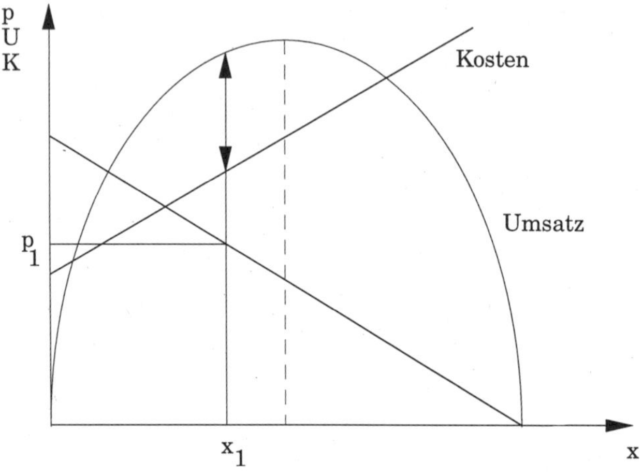

Abb. 22

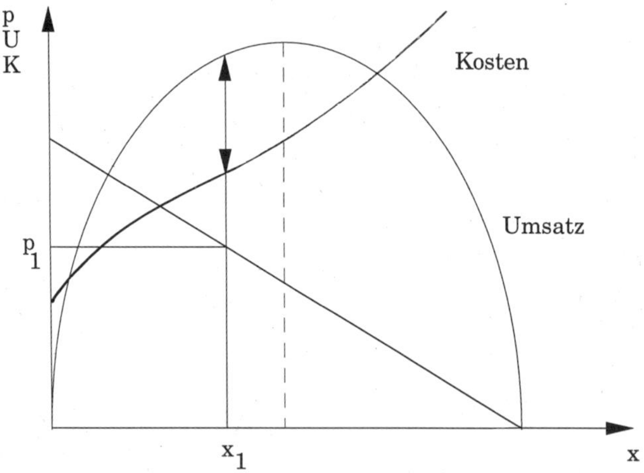

Abb. 23

In Abb. 23 werden Preis und Menge für die Gewinnmaximierung mit Hilfe des Schnittpunkts von Grenzkostenkurve und Grenzumsatzkurve ermittelt. Die Grenzkostenkurve stellt die Zuwächse der Kosten, die Grenzumsatzkurve die Zuwächse des Umsatzes dar. Beim Schnittpunkt der beiden Kurven sind die Kosten, die durch die zuletzt produzierte Einheit zusätzlich entstanden sind, gleich dem Umsatzzuwachs durch diese Einheit.

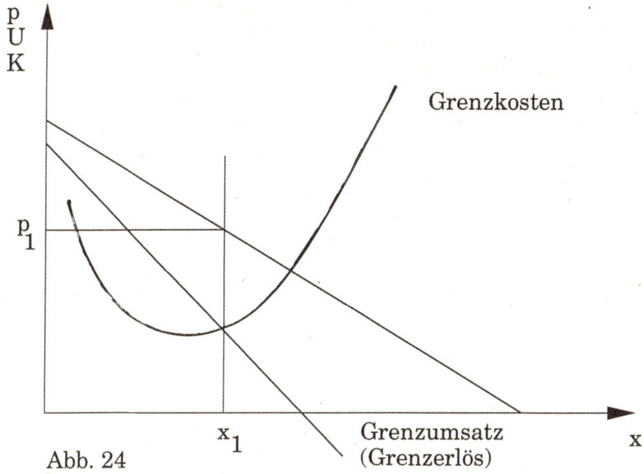

Abb. 24

c) Preispolitik im Oligopol

In einem Angebotsoligopol stehen relativ wenige, relativ starke Anbieter einer großen Zahl von Nachfragern gegenüber. Die Anbieter können ihre Preise fixieren, d.h. erhöhen oder senken, um ihren Gewinn zu erhöhen. Vom Ausmaß der Nachfragereaktion hängt es ab, ob sie dieses Ziel erreichen.

Ein Oligopolist muß jedoch davon ausgehen, daß die Konkurrenten ihr Preisverhalten auf seine Preisänderungen abstellen. So muß er damit rechnen, daß sich bei einer Preissenkung der Absatz seiner Ware nicht erhöht, weil die Konkurrenten ihre Preise ebenfalls senken. Auch eine Preiserhöhung hat u.U. nicht den gewünschten Erfolg der Umsatzsteigerung, da die Kunden zur Konkurrenz abwandern, die die Preise nicht erhöht hat.

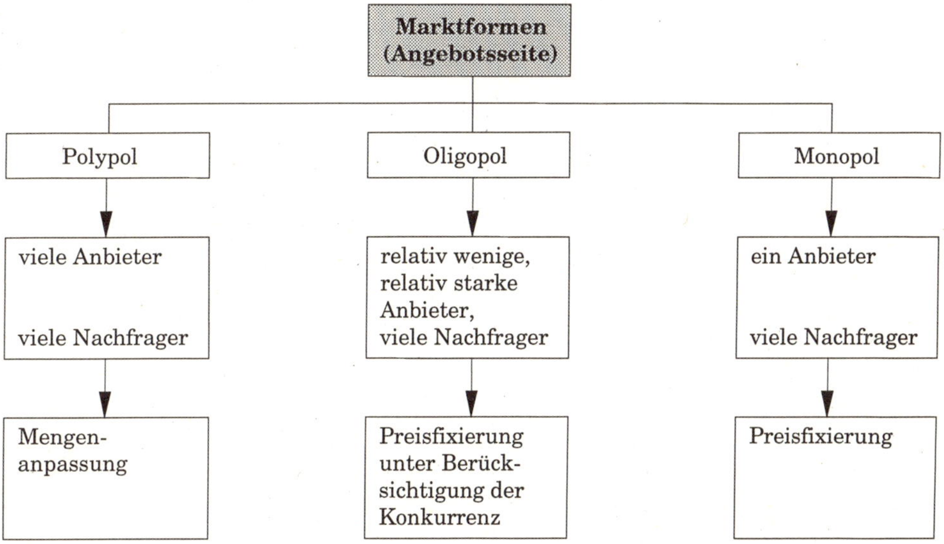

Es kommt vor, daß Oligopolisten ihre relative Stärke auf dem Markt nutzen, um über ihre Preisgestaltung Konkurrenten zu verdrängen (**Kampfverhalten**). Zu dieser Politik können sich mehrere Unternehmen zusammenschließen, wodurch ihre Marktmacht erhöht wird. Die Preisabsprachen zwischen Oligopolisten (Preiskartelle), mit denen die beteiligten Unternehmen den Preiswettbewerb untereinander ausschalten, sind zwar verboten, kommen aber immer wieder vor (**Koalitionsverhalten**).

Häufig ist aber zu beobachten, daß die Preise im Oligopol relativ starr bleiben oder sich in die gleiche Richtung bewegen, ohne daß Absprachen stattgefunden haben. Der Preiswettbewerb hat dann untergeordnete Bedeutung, dafür nimmt aber der Wettbewerb mit Hilfe anderer Marketingaktivitäten zu.

Durch präferenzpolitische Maßnahmen können sich auch die Anbieter im Oligopol einen preispolitischen Spielraum schaffen, in dem sie Preise setzen können, ohne Reaktionen der Konkurrenz fürchten zu müssen. Wenn sie diesen Spielraum verlassen, reagieren die Mitbewerber in der angedeuteten Art. Die Nachfragekurve hat dann die bereits bekannte geknickte Form (vgl. Abb. 20).

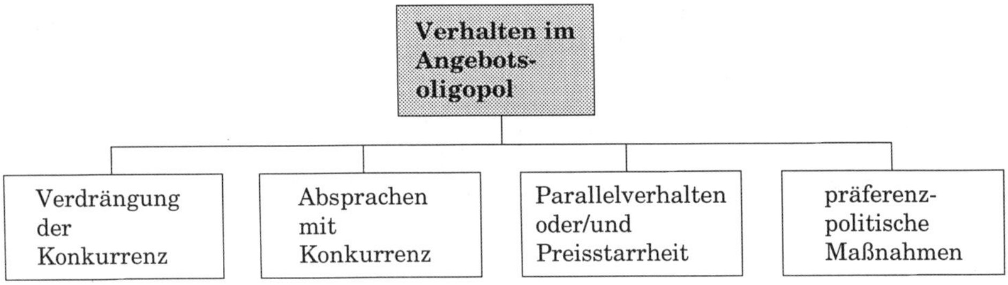

5.1.1.3 Preisdifferenzierungen

Wenn das **gleiche Produkt zu unterschiedlichen Preisen** angeboten wird, spricht man von **Preisdifferenzierung**. Preisdifferenzierungen sind häufig mit (geringfügigen) Produktdifferenzierungen verbunden.

Voraussetzungen für die erfolgreiche Durchsetzung dieser Preispolitik sind u.a.

- unvollkommene Märkte,
- unterschiedliche Elastizitäten,
- Marktmacht des Anbieters.

Zu unterscheiden sind horizontale und vertikale Preisdifferenzierung.

Beispiel: *Die Ostholmer Mühlenwerke vertreiben ihr Produkt Weizenmehl Typ 405 sowohl über den traditionellen Weg (Großhandel - Einzelhandel), als auch über Verbrauchermärkte. Sie sprechen damit zwei Nachfragegruppen (in zwei Segmenten) an, eher konservative Nachfrager einerseits und eher preisbewußte andererseits. Es ist anzunehmen, daß die Nachfrage im ersten Segment eher unelastisch, im zweiten Segment eher elastisch ist. Dieser Umstand wird bei der Preissetzung berücksichtigt. Im „klassischen" Einzelhandel ist das Produkt teurer als im Verbrauchermarkt.*

Ähnlich verfährt ein Anbieter von Staubsaugern, der auf dem Teilmarkt A (z.B. Norddeutschland) den Preis für sein Produkt (P_A) nach der Gewinnmaximierungsregel GU = GK festgelegt hat. Bei Einführung des Produkts auf Teilmarkt B (z.B. Süddeutschland) mit dem Preis P_A stellt er einen relativ geringen Verkaufserfolg fest, da er die größere Elastizität der Nachfrage nicht berücksichtigt hat. Nach einer angemessenen Preissenkung auf P_B nehmen der mengenmäßige Absatz, der Umsatz und der Gewinn zu. (Vgl. zu diesem Beispiel die Zeichnungen in Abb. 25).

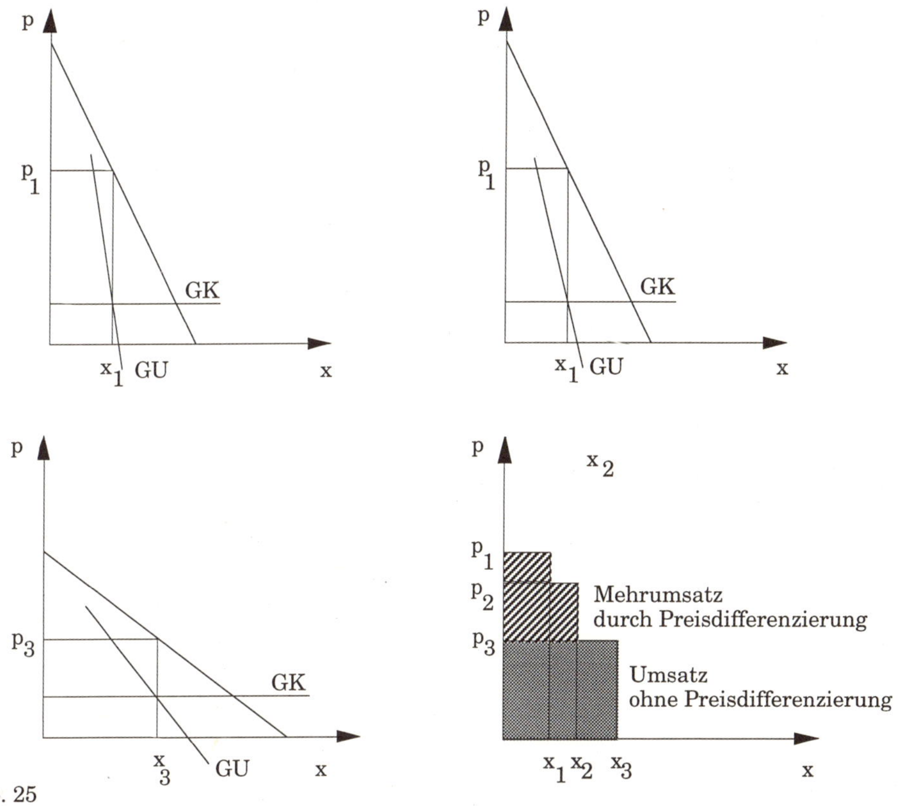

Abb. 25

In beiden Beispielen findet **horizontale Preisdifferenzierung** statt. Von horizontaler Preisdifferenzierung spricht man dann, wenn das gleiche Produkt **gleichzeitig auf verschiedenen Teilmärkten** bzw. in verschiedenen Segmenten zu unterschiedlichen Preisen angeboten wird.

Es ist denkbar, daß ein Anbieter für ein neues Produkt (oder einen neuen Produkttyp) einen sog. Abschöpfungspreis setzt. Er will damit ein Segment von Käufern erfassen, die - aus welchen Gründen auch immer - bereit sind, für das neue Produkt höhere Preise zu bezahlen, wenn sie es sofort erhalten können. Mit einer späteren Preissenkung erfaßt der Anbieter ein weiteres Segment. Die Zeichnungen in Abb. 26 veranschaulichen diesen Vorgang. Bei dem Preis p_1 wird die Menge O/x_1 abgesetzt, bei Preissenkung auf p_2 zusätzlich die Menge x_1/x_2, bei weiterer Preissenkung auf p_3 zusätzlich die Menge x_2/x_3.

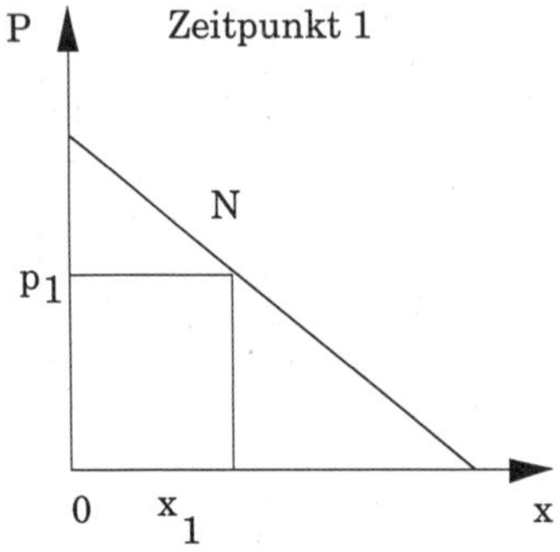

Abb. 26a

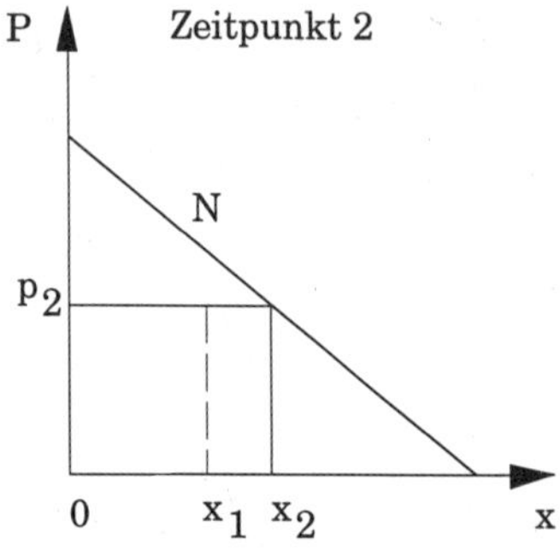

Abb. 26b

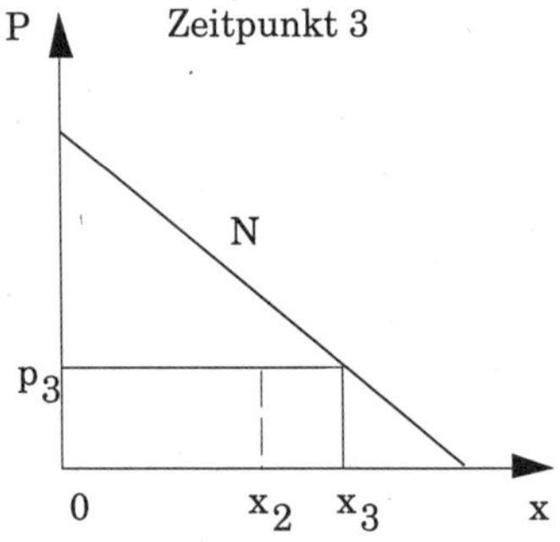

Abb. 26c

Insgesamt hat der Anbieter die Menge O/x_3 abgesetzt. Diese Menge hätte er auch ohne Preisdifferenzierung absetzen können, d.h. wenn er sofort den Preis p_3 gefordert hätte. Dieser Absatzmenge entspräche ein Umsatz aus dem Produkt der Menge O/x_3 und dem Preis p_3. Sein Vorteil liegt in der zeitlichen Preisdifferenzierung: Da er die Mengen O/x_1 und x_1/x_2 zu höheren Preisen verkaufen konnte, erhält er insgesamt einen höheren Umsatz (vgl. Abb. 27).

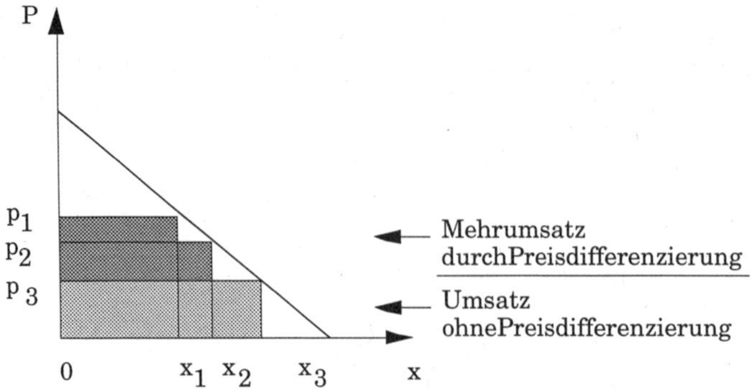

Abb. 27

Hier liegt eine **vertikale Preisdifferenzierung** vor: Das gleiche Produkt wird **zu unterschiedlichen Zeiten auf dem gleichen Markt** zu unterschiedlichen Preisen verkauft.

Preisdifferenzierung

horizontale Preisdifferenzierung	vertikale Preisdifferenzierung

5.1.1.4 Andere preispolitische Maßnahmen

Der im Zusammenhang mit der Preisdifferenzierung erwähnte **Abschöpfungspreis** hat weitergehende Bedeutung für Markterschließung. Der zunächst relativ hohe Preis wird begründet mit relativ hohen Stückkosten. Die erfolgreiche Markterschließung führt zu höheren Produktions- und Absatzmengen und damit zu einer Verringerung der Stückkosten, so daß der Preis allmählich gesenkt wird. Die Preisvariation wird hier begründet durch die Veränderung der Kosten.

Penetrationspreise sind relativ niedrige Preise, mit denen der Markt rasch erschlossen werden soll. Voraussetzungen sind große Produktions- und Absatzmengen und folglich niedrige Stückkosten. Der relativ niedrige Preis soll mögliche Mitbewerber abschrecken. Er kann später allmählich erhöht werden.

Davon zu unterscheiden sind **Prämien- und Promotionspreise**. Mit Prämienpreisen bezeichnet man relativ hohe Preise für Artikel, bei denen eine relativ geringe Nachfrageelastizität erwartet werden kann (z.B. für Luxusartikel). Promotionspreise sind relativ niedrige Preise; sie werden für solche Artikel angesetzt, bei denen der Preis als Werbemittel im Vordergrund steht.

Eine auch im Handel bedeutsame preispolitische Maßnahme ist die **psychologische Preispräsentation**. Sie geht davon aus, daß Kunden durch die Darstellung der Preise zum Kauf angeregt werden können. Die Überlegungen beziehen sich aber nicht nur auf die äußere Gestaltung der Preisauszeichnung. Von größerer Bedeutung ist die Darstellung der Preise als **psychologische Preise**. Sie nutzt die Kenntnis aus, daß gerade Preise (z.B. 10,- DM, 50,- DM) Preisschwellen sind, bei denen die Nachfrage relativ unelastisch reagiert, so daß es zweckmäßiger ist, **gebrochene Preise** (z.B. 9,90 DM, 49,80 DM) zu setzen. Gebrochene Preise liegen unmittelbar vor den Preisschwellen; sie erwecken den Eindruck genauer Kalkulation, die für den Kunden von Vorteil ist.

Gelegentlich werden überhöhte Preise („Mondpreise") mit fingierten Nachlässen präsentiert. Den Kunden ohne Möglichkeit zum Preisvergleich entsteht wegen der Nachlässe der Eindruck günstigen Angebots. (Gelegentlich berührt diese Preispolitik den Tatbestand unlauteren Wettbewerbs.)

Bei der vertikalen **Preisempfehlung** empfiehlt der Hersteller dem Endverkäufer einen Verkaufspreis, mit dem er auch das Produkt versieht. Die Preisempfehlung ist für den Endverkäufer unverbindlich. Der tatsächliche Verkaufspreis liegt häufig unter dem empfohlenen. Auch hier erhält der Kunde den Eindruck günstigen Einkaufs, und zwar um so mehr, je stärker die Preise voneinander abweichen. (Bei deutlichem Mißbrauch der Preisempfehlung kann das Kartellamt einschreiten und die Empfehlung untersagen.)

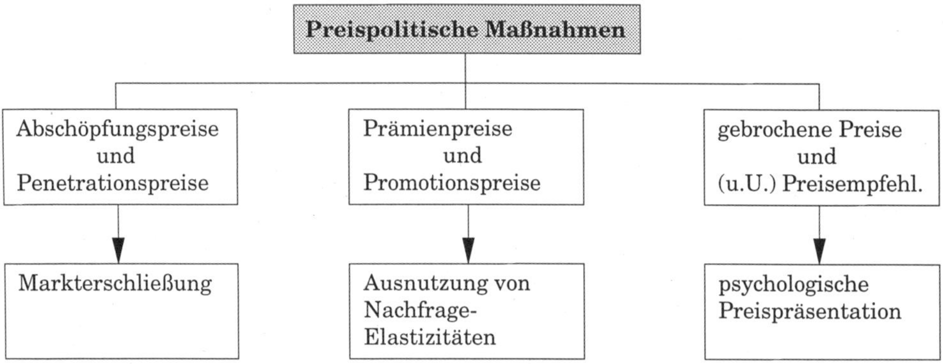

Das **Sonderangebot** ist eine der wichtigsten preispolitischen Maßnahmen des Handels. Angeboten wird ein Artikel zu einem kurzfristig reduzierten Preis. Ziele des Sonderangebots sind Umsatzerhöhung des angebotenen Artikels und wegen des „Lockartikeleffekts" des übrigen Sortiments. Sonderangebote eignen sich außer für Lagerräumung vor allem als Werbemaßnahmen bei Einführung neuer Produkte. Sie wecken nicht nur Interesse, sondern erleichtern dem Käufer auch die Entscheidung, den Artikel auszuprobieren.

5.1.2 Rabattpolitik

Rabatte sind **Preisnachlässe**, die der Verkäufer einer Ware dem Abnehmer gewährt, wenn dieser bestimmte Funktionen übernimmt, die mit der Ware zusammenhängen. Der Verkäufer variiert seinen einheitlichen Angebotspreis gegenüber verschiedenen Abnehmern unter bestimmten Bedingungen zur Durchsetzung seiner Marketingziele. Ziele dieser Art können u.a. sein: Umsatzsteigerung, Erhaltung und Erweiterung der Kundentreue, zeitliche Lenkung des Auftragseingangs, Rationalisierung der Auftragsabwicklung.

Der Hersteller gewährt dem Handel den sog. **Funktionsrabatt**. Sie sind häufig nur ein pauschales Entgelt für die Durchführung der Handelsfunktionen.

Von größerer Bedeutung zur Durchsetzung von Marketingzielen sind Rabatte, die als Entgelte für die Übernahme genau angebbarer Funktionen gewährt werden, z.B. für Lagerhaltung, für Abholung, für Kundendienst.

Mengenrabatte gewährt der Verkäufer dem Kunden (Hersteller dem Händler, Großhändler dem Einzelhändler) für die Abnahme großer Mengen entweder in einem Auftrag mit einer Lieferung oder mit mehreren Lieferungen in einer Periode. Der

Rabatt kann bei Abschluß als Abschlag vom Angebotspreis oder nachträglich als Bonus berechnet werden. Mengenrabatte werden häufig progressiv gestaffelt, d.h. der Rabattsatz steigt bei steigenden Abnahmemengen überproportional.

Zeitrabatte gewährt der Verkäufer dann, wenn er die Bestellung zeitlich lenken will, um in Lagerhaltung und/oder Produktion besser disponieren zu können. Saisonrabatte gehören ebenso dazu wie Einführungs- und Auslaufrabatte und Frühbezugsrabatte.

Mit der Gewährung von **Treuerabatt** will der Verkäufer erreichen, daß ein Kunde ausschließlich bei ihm kauft und so Geschäftsbeziehungen zur Konkurrenz weitgehend unterbleiben.

Der **Präsentationsrabatt** ist das Entgelt des Herstellers an den Handel daür, daß sein Produkt in besonderem Maße präsentiert wird.

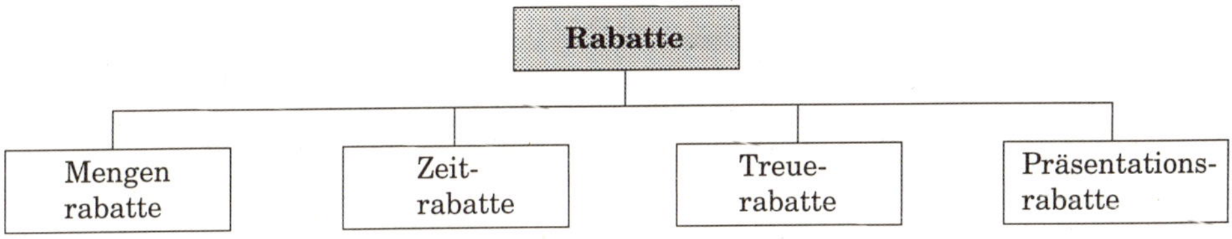

Den absatzpolitischen Zielen des Verkäufers entsprechend werden häufig mehrere Rabattarten gleichzeitig gewährt. So könnte der Verkäufer eines Markenartikels ausgehend vom Bruttopreis dem Abnehmer einen Funktionsrabatt (von z.B. 35 %) und auf die jeweils verminderten Beträge einen Mengenrabatt (von z.B. 15 %) und einen Treuerabatt (von z.B. 5 %) gewähren, so daß sich der Gesamtrabatt (hier von z.B. 47,5 %) als Kombination verschiedener Rabattarten ergibt.

Optimal ist das Rabattsystem eines Verkäufers dann gestaltet, wenn die Erlösschmälerungen durch Rabattgewährung durch entsprechende Vorteile mindestens ausgeglichen werden. So führt z.B. der Rabatt für die Funktion der Lagerhaltung an den Großhandel dazu, daß der Verkäufer seine Lagerhaltungskosten vermindert. Der Mengenrabatt kann z.B. dazu führen, daß keine aufwendigen Kleinaufträge abgewickelt werden müssen.

5.1.3 Lieferungs- und Zahlungsbedingungen

Auch die Bedingungen, die Lieferung und Zahlung bestimmen, sind Gegenstand kontrahierungspolitischer Entscheidungen.

Lieferungsbedingungen regulieren den Umfang und die Erfüllung der Verpflichtungen des Lieferers. Dazu zählen u.a.

- Zeitpunkt und Ort der Warenübergabe,
- Berechnung der Lieferkosten (z.B. frei Haus, frei dort, ab Werk usw.),
- Vertragsstrafen bei Nichterfüllung,
- Umtauschrecht,

- Abnahme von Mindestmengen,
- Zuschläge bei Mindermengen.

Zahlungsbedingungen regulieren die Zahlungsverpflichtungen des Kunden. Dazu zählen u.a.

- Zahlungsfristen,
- Möglichkeiten zum Skontoabzug bei vorzeitiger Zahlung,
- Zahlungsarten (z.B. Vorauszahlung, Zahlung bei Lieferung, Teilzahlung, Zahlung nach Erhalt usw.),
- Sicherheiten (z.B. Eigentumsvorbehalt, Sicherungsübereignungen, Bürgschaften usw.),
- Gegengeschäfte.

5.2 Produkt- und Sortimentspolitik

Beispiel: *Die Ostholmer Mühlenwerke haben durch ihre Marktforschung nicht nur wichtige Informationen für ihre Preispolitik erhalten. Sie haben vielmehr auch erfahren,*

- *daß die Weizenmehlsorte Typ 405 in der bisherigen Verpackung bei einem großen Teil der Verbraucher nicht mehr ankommt, die Aufmachung offensichtlich veraltet ist und den Anforderungen angepaßt werden müßte;*

- *daß das Interesse an grobem Mehl erheblich zunimmt und daß dieses Produkt dem Bedarf entsprechend in drei Packungsgrößen (500 g, 1000 g, 2000 g) angeboten werden kann;*

- *daß die Erweiterung des Sortiments um Backmischungen für Kuchen und Tortenböden sinnvoll ist;*

- *daß es sinnvoll ist, die Verpackungen für die Backmischungen mit Abbildungen des entsprechenden Gebäcks (unter der durch die gängigen Mehlsorten bekannten Marke „Back-Gold") und mit Backanleitungen zu versehen;*

- *daß es zweckmäßig ist, das Nutzungsrecht am "Grünen Punkt" zu erwerben und dieses Zeichen auf der Verpackung anzubringen.*

Der Großhändler Müller in Lübeck erweitert sein Sortiment um die Backmischungen der Marke „Back-Gold". In Anlehnung an diese Sortimentserweiterung übernimmt auch der Einzelhändler Peter Carlsen in Altenaue die Produkte in sein Angebot. Außerdem nimmt er, Kundenwünsche aufgreifend, Brötchen in sein Sortiment, die ihm die Großbäckerei Thaer KG täglich liefert.

Diese einfachen Beispiele deuten an, womit sich die Produkt- und Sortimentspolitik u.a. befaßt: Produkte können veralten, sie müssen erneuert oder auch aus dem Angebot genommen werden. Neue Produkte werden angeboten, Sortimente erweitert; Aufmachungen der Produkte spielen ebenso eine Rolle wie die Berücksichtigung einer Marke. Offensichtlich geht es darum, das Angebot i.w.S. dem Markt anzupassen.

Produkt- und Sortimentspolitik bezeichnet die Maßnahmen einer Unternehmung zur **marktgerechten Gestaltung des gesamten Angebots**, um seine Marketingziele durchzusetzen.

Marketingziele der Produkt- und Sortimentspolitik sind u.a.: Steigerung von Gewinn und Umsatz, Verminderung der Kosten, Verbesserung der Wettbewerbssituation (Qualitätswettbewerb) und des Good-Will, Streuung des Risikos, Auslastung und evtl. Rationalisierung der Produktion und der Lagerhaltung.

5.2.1 Mittel der Produktpolitik

5.2.1.1 Diversifikation

Die Aufnahme der Backmischungen in das Produktionsprogramm der Ostholmer Mühlenwerke bezeichnet man als Diversifikation. Diversifikation ist die Ausweitung des Leistungsangebotes einer Unternehmung. Sie ist das wichtigste Mittel der Risikostreuung.

Im angenommenen Beispiel handelt es sich um eine **horizontale Diversifikation**. Bei der horizontalen Diversifikation ist das Produkt, das in das Sortiment bzw. in das Programm aufgenommen wird, zwar neu für das Unternehmen, steht aber im Zusammenhang mit dem übrigen Angebot; gleicher Grundstoff (Backmischung als Mehlprodukt), gleiche Abnehmer (Großhandel, Zentralen der Ketten), gleiche Endverbraucher (Haushalte).

Das weitergehende Engagement der Ostholmer Mühlenwerke bei Beschaffung (z.B. im Landhandel) und Absatz (z.B. in der Produktion von Brot und Backwaren) bezeichnet man als **vertikale Diversifikation**. Vertikale Diversifikation ist also die Bezeichnung für Aktivitäten in vor- und nachgelagerten Stufen.

Es wäre denkbar, daß sich die Ostholmer Mühlenwerke auch branchenfremd engagieren, z.B. im Transportwesen oder in der Hotellerie. Diese branchenfremde Erweiterung wird als **laterale Diversifikation** bezeichnet.

5.2.1.2 Produktinnovation

Die im Beispiel zitierten Ostholmer Mühlenwerke betreiben Produktinnovation, sie führen mit den Backmischungen (in verschiedenen Sorten) ein neues Produkt ein.

Unternehmungen sind auf Entwicklung neuer Produkte angewiesen. Neuere Statistiken weisen aus, daß Umsatz- und Gewinnzuwächse fast nur noch mit neuen Produkten möglich sind. Die Lebensdauer von Produkten im Konsumgüterbereich ist relativ kurz, die Konkurrenz ist groß, die Substitutionsmöglichkeiten nehmen zu, in bestimmten Bereichen scheinen die Märkte gesättigt.

Voraussetzung für Produktinnovation ist die Neuproduktplanung, bei der es darum geht, Risiken und Chancen des neuen Produkts abzuwägen. Die Planung läuft in drei Stufen ab: Ideenfindung, Ideenprüfung, Ideenverwirklichung.

Anregungen zu Produktideen können aus externen Quellen stammen; sie können von Kunden (Verbraucherhaushalten, Handel), Lieferanten, Forschungsinstituten, anderen Märkten (Märkten für ähnliche Produkte, ausländischen Märkten) oder der Konkurrenz ausgehen. Interne Quellen für Produktideen sind u.a. das interne Vorschlagswesen, Forschungs- und Produktionsabteilungen. Damit die Ideenfindung nicht nur dem Zufall überlassen bleibt, „erzeugen" Unternehmungen Produktideen. Dafür werden verschiedene Verfahren zur Ausschöpfung der menschlichen Kreativität und Phantasie entwickelt; das bekannteste ist das sog. Brainstorming.

Die Prüfung der Ideen soll Hinweise darauf geben, ob und in welchem Umfang es sich lohnt, die Ideen zu verwirklichen. Gefragt wird u.a. danach, ob das Produkt neue Bedürfnisse befriedigen kann, ob sein Preis den Preisen der Konkurrenzprodukte überlegen ist, ob es das vorhandene Sortiment sinnvoll ergänzt, ob es mit den vorhandenen Produktionsmitteln produziert werden kann etc. Fällt die Prüfung positiv aus, wird die Idee verwirklicht, so daß das Produkt schließlich getestet werden kann. Nach Auswertung des Testergebnisses erfolgt u.U. die Markteinführung.

5.2.1.3 Produkteliminierung

Produkte, die veraltet sind, werden aus dem Programm bzw. aus dem Sortiment genommen. Ein Produkt kann vor allem dann als veraltet gelten, wenn es trotz aufwendiger Marketingaktivitäten (Werbung, Produktveränderung usw.) kaum noch abgesetzt werden kann. Wichtige Kriterien für die Eliminationsentscheidung sind der Rückgang des Umsatzes und des Deckunsbeitrages.

5.2.1.4 Produktvariation

Beispiel: *Die Ostholmer Mühlenwerke haben (in der angenommenen Beispielsituation) Produktvariation als Mittel der Produktpolitik betrieben:*

In Zusammenarbeit mit der Markt-GmbH wurde die Verpackung der Mehlsorte Typ 405 für den Teil der Produktion, der über die Markt-GmbH vertrieben wird, vereinfacht (einfaches Verpackungsmaterial, Verzicht auf mehrfarbigen Aufdruck) und das bekannte Markenzeichen durch einen anderen Produktnamen ersetzt. Für den Teil der Produktion, der über die „klassischen" Vertriebswege geht, wurde das Design modernisiert und der Markenname in modernen Druckbuchstaben und nicht mehr in goldfarbenem Aufdruck ausgeführt. Das Verpackungsmaterial ist weiß, der Aufdruck blau und rot, auf der Rückseite wird das Gütezeichen für landwirtschaftliche Produkte aus Schleswig-Holstein wiedergegeben.

Die Gestaltung der Verpackung für die übrigen Mehlsorten und die anderen Produkte des Programms wird angeglichen. Außerdem werden bei den gängigen Mehlsorten neue Mengenabpackungen angeboten.

Durch Veränderung des Produktionsvorganges wurde eine neue Mehlsorte entwickelt, deren Qualität den Anforderungen „moderner Ernährung" in besonderem Maße gerecht werden soll.

Diese Beispiele deuten an, was unter **Produktvariation** zu verstehen ist: **bereits produzierte Güter** werden hinsichtlich bestimmter Eigenschaften verändert.

Produkteigenschaften, die verändert (ergänzt, verbessert, erneuert) werden können, sind:

- Qualität, Art, Material, Konstruktion, Handhabung, etc.;
- Form, Farbe, äußerliche Ausstattung, Design, Markenname, -zeichen;
- Kundendienst, Beratungen, Ergänzungen.

Es lassen sich zwei, nicht immer voneinander trennbare Aspekte der Produktvariation erkennen: **Produktdifferenzierung**, durch die neue Segmente erschlossen werden können, und **Produktverbesserung**, durch die über eine attraktivere Gestaltung des Produkts Nachfrage angeregt, Marktanteile gehalten oder zurückgeholt werden sollen.

Diese Ziele können aber nur erreicht werden, wenn es gelingt (auch mit Hilfe anderer Marketingaktivitäten), die Verbraucher oder Verwender davon zu überzeugen, daß ihnen die veränderten Produkte Vorteile bringen und daß sie zur Maximierung ihres Nutzens beitragen.

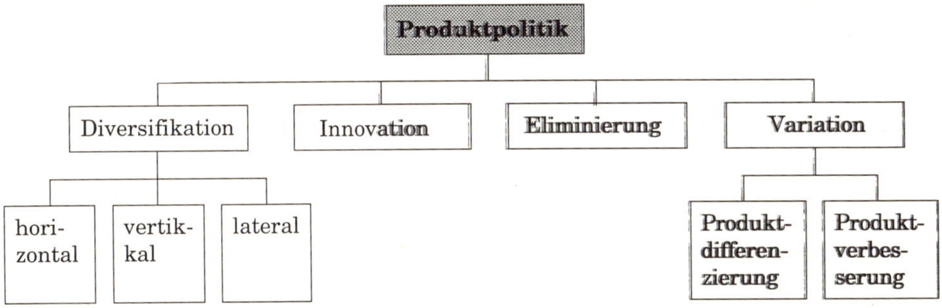

5.2.2 Sortimentspolitik

5.2.2.1 Elemente des Sortiments

Sortimentspolitik befaßt sich mit der optimalen Gestaltung des Angebotsprogramms von Fertigungs- und Handelsbetrieben. Im Anschluß an die übliche Terminologie soll im folgenden die Angebotspalette des Fertigungsbetriebes als Produktprogramm, die des Handelsbetriebes als Sortiment bezeichnet werden. (Entsprechend könnte dann zwischen Programm- und Sortimentspolitik unterschieden werden.)

Die Ostholmer Mühlenwerke können z.B. für ihr **Produktprogramm** die folgenden **Produktlinien** definieren:

1. Mehl (in drei Ausführungen bzw. Sorten),
2. Grieß (in zwei Ausführungen bzw. Sorten),
3. Haferflocken (in einer Ausführung bzw. Sorte),
4. Backmischungen (in vier Ausführungen bzw. Sorten).

Produktlinien fassen Produktausführungen (Sorten, Artikel) zusammen, die hinsichtlich der Produktionsausführung gleich sind.

Das **Sortiment** des Verbrauchermarktes könnte folgende **Warengruppen** mit entsprechenden Artikeln und Sorten umfassen:

1. Lebensmittel,
2. Getränke,
3. Butter, Milch, Käse,
4. Fleisch, Wurstwaren,
5. Süßigkeiten,
6. Non-Food-Artikel.

Die Sorte ist die kleinste Einheit eines Sortiments, gleichartige Sorten, die sich nur geringfügig unterscheiden, bilden den Artikel. Die Warengruppe ist die Zusammenfassung der Artikel gleicher Art.

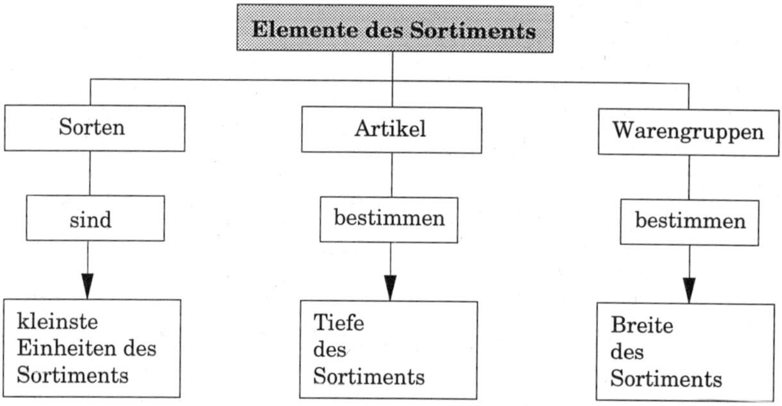

Die Elemente zur Beschreibung des Produktprogramms sind Produktlinien und die entsprechenden Produktausführungen. Die Elemente zur Beschreibung des Sortiments sind Warengruppen, Artikel und Sorten.

Die Anzahl der Produktlinien bzw. der Warengruppen bestimmen die Breite des Programms bzw. des Sortiments. Die Anzahl der Artikel in einer Produktlinie bzw. in einer Warengruppe bestimmen die Tiefe des Programms bzw. des Sortiments (vgl. dazu Abb. 28 und 29).

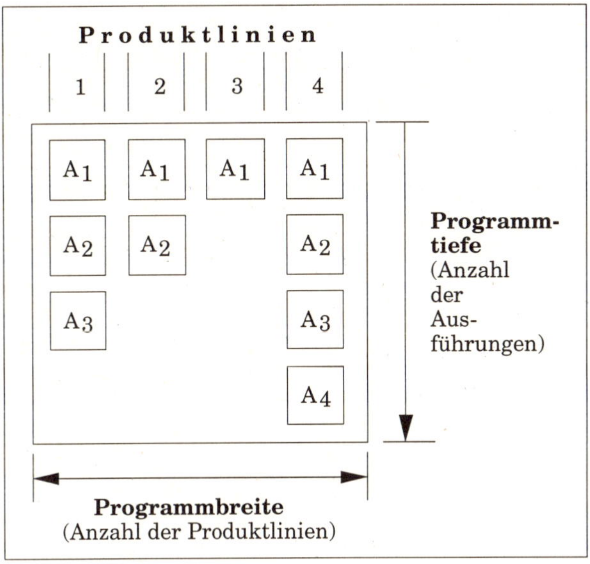

Abb. 28: Schematische Darstellung eines Produktprogamms

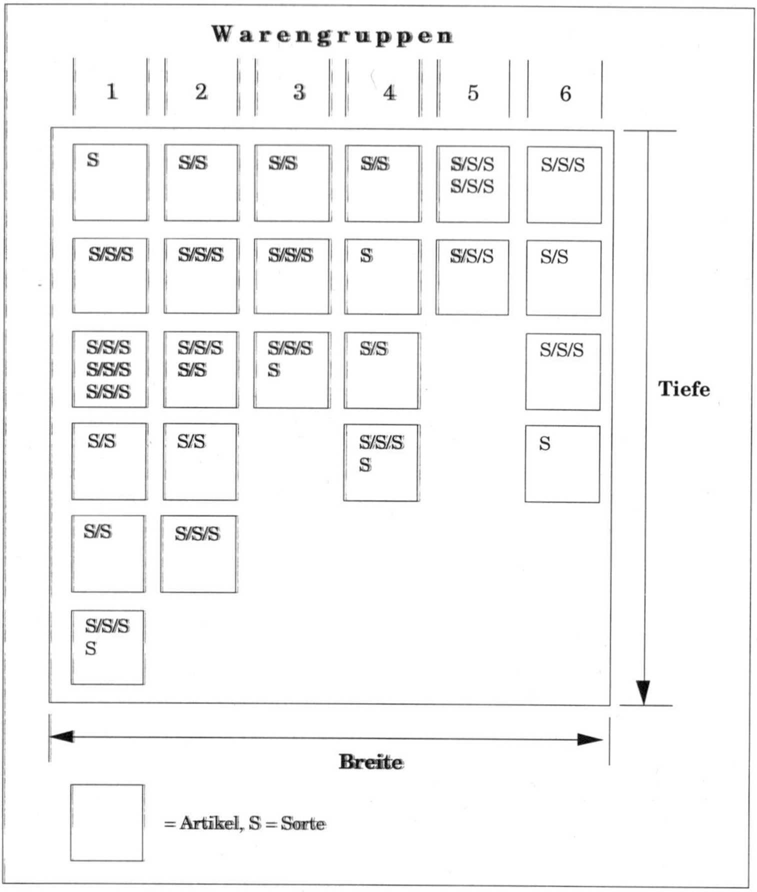

Abb. 29: Schematische Darstellung eines Sortiments

Entsprechend kann man nach der Anzahl der Produktlinien und Warengruppen breite, mittlere und enge Programme und Sortimente und nach der Zahl der Artikel in den Produktlinien und Warengruppen tiefe, mittlere und flache Programme und Sortimente unterscheiden.

Die systematische Unterscheidung zwischen Programm und Sortiment wird jedoch bereits erschwert, wenn der Fertigungsbetrieb Handelswaren in sein Angebotsprogramm aufnimmt. Der Begriff Sortiment erscheint deshalb für die Überlegungen ausreichend und verständlich.

5.2.2.2 Orientierungsprinzipien

Übergeordnete Gesichtspunkte für Art, Umfang und Zusammensetzung eines Sortiments werden durch die Marketingziele einer Unternehmung bestimmt. Diese können u.a. sein: hoher Grad der Lieferbereitschaft, Kundenerwartungen, Kapazitätsauslastungen. Wichtiges Kriterium für die Aufnahme oder Eliminierung eines Sortimentsteiles ist sein Beitrag zur Deckung der Gemeinkosten.

Die folgenden Orientierungsprinzipien sind diesen Überlegungen untergeordnet. Die Zusammensetzung von Sortimenten kann nach verschiedene (sich häufig überschneidenden und ergänzenden) Gesichtspunkten geplant werden:

- Die Zusammensetzung des Sortiments richtet sich nach dem dominierenden Grundstoff, z.B. Textilien, Leder (**Stofforientierung**).
- Das Sortiment des Zulieferers bestimmt Art und Umfang des Sortiments (**Lieferantenorientierung**).
- Das Sortiment wird im Hinblick auf die Erwartungen der Kunden zusammengesetzt (**Verbraucher- bzw. Bedarfsorientierung**).
- Der Preispolitik des Unternehmens entsprechend richtet sich die Zusammensetzung des Sortiments nach bestimmten Preislagen (**Preislagenorientierung**).

Ein vor allem im Handel wichtiges Orientierungsprinzip ist das der Selbstverkäuflichkeit. Produkte mit geringer Erklärungsbedürftigkeit werden ins Sortiment genommen. Diese Produkte sind häufig branchenfremd.

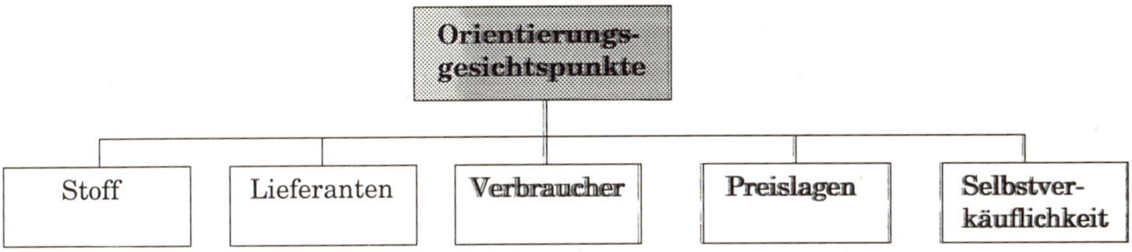

5.2.3 Verpackungspolitik

Die Verpackungspolitik als **Teil** der Produktpolitik i.w.S. befaßt sich mit der **Aufmachung**, der **Form** und der Gestaltung der Verpackung als wichtige Marketingentscheidung. Sie wird maßgeblich beeinflußt

- durch das Produkt (Form, Umfang, Gewicht),
- durch die Absatzbedingungen (Selbstbedienung, Präsentation in Regalen, Rationalisierung bei Lagerung und Transport),
- durch die Verbraucher (Verbrauchsgewohnheiten, Kaufgewohnheiten),
- durch die Marketingpolitik (Produktdifferenzierung, Präsentation, Markenpolitik, Kennzeichnung der Herkunft),
- durch Umwelt (gesetzliche Vorschriften, Umweltschutz, Recycling).

Entsprechend lassen sich folgende Funktionen der Verpackung erkennen.

Die Verpackung soll die Ware in den Lagern, im Laden, während des Transports und bei Vorratshaltung durch die Verbraucher schützen (**Schutzfunktion**).

Die Verpackung bestimmt die Abmessung der Verkaufseinheit (**Abmessungsfunktion**). Die Abmessungen werden bestimmt von den Verbrauchs- und Kaufgewohnheiten der Kunden und von den Überlegungen zur Rationalisierung der Lagerung, des Transports und des Verkaufs.

Verpackungsaufdrucke informieren den Kunden über den Inhalt, weisen ihn auf die Herkunft des Produkts hin. Die Verpackung wirbt durch Aufmachung, Farbgebung, Form usw. für das Produkt. Sie präsentiert das Produkt und fördert so den Verkauf vor allem im Selbstbedienungshandel (**Verkaufsförderungsfunktion**).

Die Verpackung gibt mit Aufdrucken Hinweise für den Gebrauch des Produkts, Anleitungen für Montage usw. Besondere Verschlüsse und Portionierer erleichtern den Verbrauch bestimmter Produkte und den Gebrauch der Verpackung. Formen, Materialien und Design der Verpackung berücksichtigen ästhetische Ansprüche der Kunden. Die Verpackungen einiger Produkte gestatten die Wiederverwendung, z.B. Mehrwegflaschen, oder die weitergehende Verwendung, z.B. Senfglas als Trinkglas ("Kühne-Kristall"). Schließlich spielt die Möglichkeit zur Verwertung, zum Recycling, des Verpackungsmaterials eine bedeutende Rolle. Der GRÜNE PUNKT auf der Verpackung informiert den Verbraucher, daß das Material verwertbar und daß tatsächlich Recyclingsmöglichkeiten bestehen.*) Die hier aufgezählten Aspekte drükken die **Gebrauchsfunktion** der Verpackung aus.

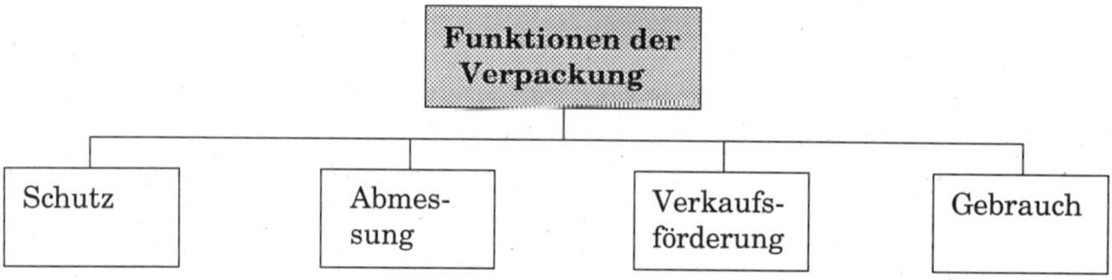

Die Verpackungspolitik setzt ihre Parameter Aufmachung, Gestaltung, Form, Material u.a. so ein, daß die Verpackung diesen Funktionen entspricht. Erfolgreich ist die Verpackungspolitik dann, wenn es mit ihrer Hilfe gelingt, eine sog. **Produktpersönlichkeit** aufzubauen, d.h. wenn der Käufer das Produkt an der Ausstattung ausmacht und dafür Präferenzen entwickelt.

---

*) Rücknahme und Verwertung von Verpackungen, zu denen die Wirtschaft durch die Verpackungsverordnung vom 12. Juni 1991 gezwungen wird, müssen finanziert werden. Die Mittel dazu sollen durch ein Finanzierungs- und Kennzeichnungssystem aufgebracht werden. Die "Duales System Deutschland GmbH" (d.i die von der Wirtschaft gebildete Gesellschaft für Abfallvermeidung und Sekundärrohstoffgewinnung mbH) vergibt das Recht zur Nutzung des "Grünen Punktes" gegen Entgelt an Unternehmen (i.d.R. Konsumgüterhersteller), die ihre Verpackungen mit diesem Zeichen versehen wollen. Der Erwerber des Nutzungsrechts muß u.a. nachweisen, daß Abnahme und Verwertung des jeweiligen Verpackungsmaterials garantiert sind. Die Verwender von Glas, Weißblech und Kartonverbund für flüssige Nahrungsmittel erhalten das Nutzungsrecht ohne Nachweis. Für Verpackungen aus Papier u. dgl. hat die Intersehor AG, Köln, eine pauschale Abnahme- und Verwertungsgarantie übernommen. Ähnliche Einrichtungen zur Übernahme dieser Garantien gibt es auch für andere Verpackungsmaterialien (Kunststoff, Aluminium).

5.2.4 Markenpolitik

Auch die **Markenpolitik** ist Teil der Produktpolitik i.w.S. Sie **ist die zusammenfassende Bezeichnung für alle Maßnahmen und Entscheidungen eines Unternehmens zur Markierung seiner Produkte**. Sie befaßt sich nicht nur mit der Frage, ob ein Produkt markiert werden soll, sondern auch damit, wie die Marke zweckmäßigerweise aussehen muß.

5.2.4.1 Marken

Eine Marke ist ein Name oder/und Zeichen, mit denen ein Unternehmen seine Produkte einprägsam und differenzierend kennzeichnet. Die Marke bleibt über längere Zeit gleich. Die mit Marken gekennzeichneten Artikel (Markenartikel) werden in der Regel in stets gleicher Art, Qualität, Aufmachung und Mengenabpackungen den Endverbrauchern angeboten.

Als Markenname kann der Name des Herstellers oder ein Phantasiename dienen. Er kann zur Markierung aller Produkte eines Herstellers herangezogen werden; so bietet z.B. der Hersteller WMF unter der Marke WMF Bestecke, Tabletts, Tischleuchter, Untersetzer usw. an; und die Ostholmer Mühlenwerke (vgl. Einführungsbeispiel) benutzen die Marke „Back-Gold“ zur Kennzeichnung ihrer Produkte Mehl und Backmischungen.

Der Hersteller kann jedoch auch für einzelne Produkte seines Programms individuelle Namen als Marken wählen (bekannte Beispiele sind u.a. Dash und Ata); oder er faßt gleichartige Produkte seines Programms unter einer Produktgruppenmarke zusammen (so bietet z.B. der Hersteller X von Mehlprodukten sein Mehl unter der Marke „Sonne“, seine Backmischungen unter der Marke „Back-Wunder“ an).

Hersteller entscheiden sich dann für zusammenfassende Markennamen, wenn sie die Werbewirkung gut eingeführter Marken ausnützen können. Im Einführungsbeispiel entschließen sich die Ostholmer Mühlenwerke, ihre Backmischungen mit der durch ihre anderen Produkte bekannten Marke „Back-Gold“ zu versehen, weil sie deren Image auf die neue Produktlinien übertragen wollen.

Individuelle Marken und unterscheidende Produktgruppennamen werden gewählt, wenn das Unternehmen das Image einer gut eingeführten Marke durch ein einzelnes Produkt oder eine Produktgruppe nicht gefährden will (so bot der Hersteller einer bekannten Kosmetikmarke eine wenig erfolgreiche Herrenkosmetikserie unter dem Produktnamen 007 an). Unterschiedliche Produktnamen wird auch das Unternehmen wählen, das Produkte aus verschiedenen Herstellungsbereichen anbietet (so wird z.B. der Hersteller von Backwaren und Getränken die Produktgruppen mit unterscheidenden Marken anbieten).

Von der Herstellermarken unterscheiden sich die Handelsmarken. Handelsmarken sind Marken von Handelsunternehmen, die - wie z.B. Textilhandel - die Vorteile der Markenpolitik erkannt haben und ausnutzen. Die von verschiedenen weisungsgebundenen Herstellern produzierten Artikel werden unter der Handelsmarke (Name und/oder Zeichen) in der Regel über die Geschäfte der Markeneigner vertrieben. Häufig beziehen sich Handelsmarken auf ganze Sortimente. Beispiele für Handelsmarken: im Möbelhandel „Musterring", im Schuhhandel „Garant", im Textilhandel „Esprit" u.a.

5.2.4.2 Ziele der Markenpolitik

Der Verwender von Marken verfolgt die folgenden Ziele: Er will sein Produkt bzw. seine Artikel vom Konkurrenzprodukt bzw. von anderen Artikeln eindeutig unterscheiden. So ist die Marke zunächst ein von den Verbrauchern erkennbares **Differenzierungsmittel**; sie identifizieren das Produkt bzw. die Produkte eines Herstellers über die Marke. Zufriedenheit der Verbraucher mit dem Produkt, Garantien des Herstellers für gleichbleibende (evtl. verbesserte) Qualität, Werbung u.a. Maßnahmen zur Verbesserung des Markenimages begründen die **Präferenz** der Verbraucher für die Marke. Sie führt in der Regel zu Wiederholungskäufen. Diese **Markentreue** der Verbraucher hat nicht nur **absatzfördernde Wirkung**; sie führt vielmehr auch dazu, daß die Nachfrage (innerhalb bestimmter Grenzen) relativ unelastisch wird, so daß der Anbieter einen gewissen **Spielraum für Preispolitik** erhält.

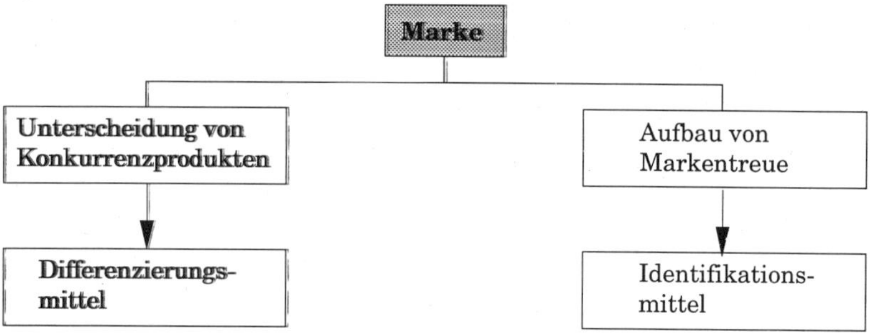

Markenpolitik leistet auch einen Beitrag zu differenzierter Marktbearbeitung. Unterschiedliche Marken für das gleiche (oder nur unwesentlich veränderte) Produkt bieten Möglichkeiten zu Preisdifferenzierungen und zur Benutzung verschiedener Absatzwege mit dem Ziel, lukrative Käufersegmente auszunutzen.

5.2.4.3 Markenzeichen - Gütezeichen

Von den Markenzeichen sind die Gütezeichen zu unterscheiden. Gütezeichen beziehen sich auf die gleichartigen Produkte mehrerer Hersteller (Gütegemeinschaft), die bei Verwendung des Zeichens gleichbleibende (hochstehende) Qualität ihrer Erzeugnisse garantieren (z.B. Wollsiegelqualität). Die Erzeuger- und Händlerverbände der betreffenden Warenarten bestimmen die Qualität und kontrollieren die Einhaltung der Qualitätsvorschriften.

Die Gütezeichen informieren die Verbraucher über die Qualität der Produkte; insofern spielen sie eine gewisse Rolle in der Produktpolitik i.w.S.

Gütezeichen sind zu erkennen an der Markierung RAL (für Reichsausschuß für Gütesicherung und Lieferungsbedingungen). Markenzeichen erhalten oft als Kennzeichen ein R (für registered = eingetragen) oder Wz (für Warenzeichen).

5.3 Kommunikationspolitik

Beispiel: *Nach der Lösung der produktpolitischen Probleme beginnen die Ostholmer Mühlenwerke mit Werbe- und verkaufsfördernden Maßnahmen für ihr neues Produkt „Backmischungen". Geworben wird mit Spots in Fernsehen und Rundfunk, mit Anzeigen in einer Frauenzeitschrift und mit anderem Werbematerial.*

In den Spots wird mit kurzen Spielszenen eine berufstätige, moderne Hausfrau und Mutter vorgestellt, die ihrer Familie und dem Besuch einen Kuchen auftischt, der mit einer Backmischung der Marke „Back-Gold" schnell und problemlos hergestellt wurde, der (anders als beim Backen in der „altmodischen" Art) immer gelingt („Kuchen mit Back-Gold-Mischungen gelingen immer") und der trotzdem schmeckt „wie bei Mutter". Die Spots enthalten Hinweise auf die bekannte Marke „Back-Gold".

Die Anzeigenreihe greift die Thematik der Spots und in besonderem Maße die Tradition der Marke auf. In den Anzeigen wird auf die den Verpackungen beigegebenen Sammelcoupons hingewiesen, für die die Sammler Backbücher mit Rezepten usw. von den Mühlenwerken erhalten können. Das Displaymaterial wird den Einzelhändlern über den Großhändler ausgeliefert. So kann der Einzelhändler Carlsen Schaufenster und Verkaufsräume entsprechend ausstatten.

Die Märkte der Markt-GmbH präsentieren das Produkt vorübergehend an bevorzugten Stellen ihrer Verkaufsräume, stellen Displaymaterial auf und inserieren für das Produkt im Rahmen ihrer regelmäßigen Anzeigen in den am Ort erscheinenden Tageszeitungen. In den Verkaufsräumen einzelner Märkte werden von Propagandistinnen im Auftrag der Mühlenwerke Proben des mit den Backmischungen hergestellten Gebäcks ausgegeben und Prospektmaterial verteilt.

Durch Vermittlung des Wirtschaftsverbandes, dem die Ostholmer Mühlenwerke angehören, wird es dem Verbraucherverband in Altenaue ermöglicht, mit einer Gruppe von Hausfrauen die Mühlenwerke zu besuchen und den Betrieb unter fachkundiger Leitung zu besichtigen.

Diese einfachen Beispiel sollen andeuten, was unter Kommunikationspolitik zu verstehen ist. **Kommunikationspolitik ist die zusammenfassende Bezeichnung für die Maßnahmen eines Unternehmens, „Verbindung"** (= Kommunikation) **zu den mutmaßlichen Verbrauchern seiner Produkte herzustellen**. Es will dabei durch entsprechende Informationen versuchen, **Einstellungen und Erwartungshaltungen** gegenüber dem Produkt, gegenüber dem Unternehmen und der Marke zu **beeinflussen** und Verhaltensäußerungen im Sinne der unternehmerischen Zielsetzung (z.B. Kauf) zu **lenken**.

Mittel dazu sind Werbung, Verkaufsförderung, Öffentlichkeitsarbeit und persönlicher Verkauf.

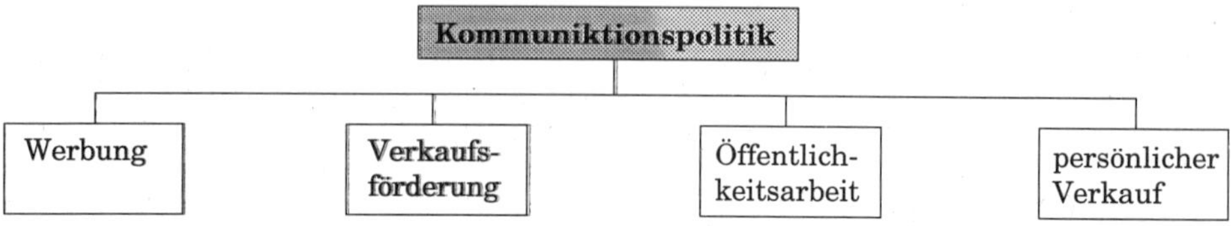

5.3.1 Werbung

5.3.1.1 Werbung als Kommunikation

Werbung ist die wichtigste und am weitesten verbreitete Maßnahme der Kommunikationspolitik. Nach einer gängigen, von Behrens stammenden Definition ist Werbung „die absichtliche und zwangfreie Form der Beeinflussung, welche die Menschen zur Erfüllung der Werbeziele veranlassen soll". Diese Definition weist auf die Elemente des Kommunikationsvorganges „Werbung" hin: Ein Unternehmer agiert und der umworbene Personenkreis reagiert. Es werden zwei korrespondierende Handlungsstränge sichtbar: Ein Unternehmen übermittelt mit Hilfe eines Mediums eine verschlüsselte Werbebotschaft, die von den Zielpersonen aufgenommen und verarbeitet wird und sie zum Handeln (z.B. zum Kauf) veranlaßt; sie reagieren also in einer Weise, die das Unternehmen erkennen, evtl. sogar messen kann. Das Unternehmen wird so entweder in seinen Plänen bestätigt oder zur Revision veranlaßt.

Diese direkte Kommunikation zwischen dem werbenden Unternehmen und der umworbenen Zielgruppe läßt sich schematisch vereinfacht darstellen (Abb. 30).

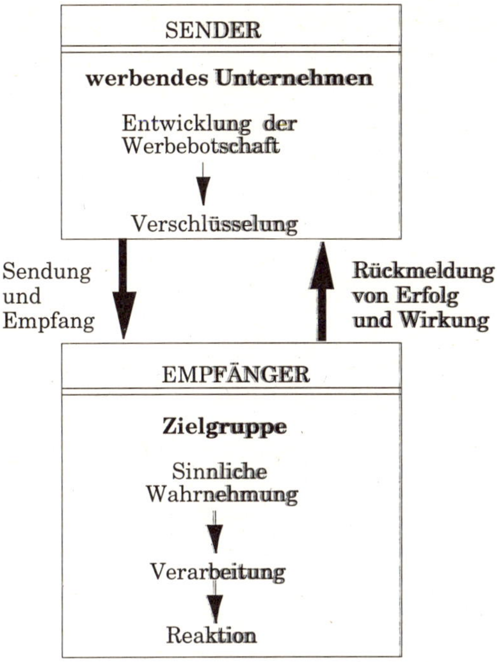

Abb. 30: Beispiel für direkte Kommunikation

Das dargestellte Konzept geht von der realistischen Annahme aus, daß ein empfangenes Signal (die verschlüsselte Werbebotschaft) bei den umworbenen Subjekten einen Prozeß mit drei Stufen durchläuft:

- Sinnliche Wahrnehmung des Signals,
- seine Verarbeitung, Umsetzung und Deutung,
- Reaktion, z.B. Kauf.

Dabei wird ein Kausalzusammenhang zwar angedeutet, aber nicht ausreichend erklärt, **wie** es zur Entscheidung für eine bestimmte Reaktion kommt.*)

Der aus der Sicht des werbenden Unternehmens erfolgreich verlaufende Prozeß vom Empfang des Signals zum Kauf, kann - schematisch verkürzt - folgendermaßen dargestellt werden.

*) Das gilt auch für das bekannte **AIDA-Schema**, das häufig zur Beschreibung der Werbewirkung herangezogen wird. Nach diesem Schema bewirkt erfolgreiche Werbung bei den umworbenen Personen einen psychischen Prozeß in vier Stufen: A - Attention, Aufmerksamkeit wird erregt, I - Interest, Interesse wird geweckt, D - Desire, es entsteht der Wunsch zu kaufen, A - Action, es kommt zur Handlung, d.h. zur Kaufhandlung.

1. Stufe: Wahrnehmung

Die Mitglieder der Zielgruppe nehmen die Werbebotschaft in Abhängigkeit von Situationen und Stimmungen wahr, die ihre Aufnahmebereitschaft und -fähigkeit für die Werbebotschaft bestimmen. Ihre Aufmerksamkeit wird erregt durch die übermittelten Informationen und/oder emotionalen Reize, und zwar um so mehr, je besser diese die Situationsbedingungen (z.B. Konflikte) und die Stimmungslagen treffen.

2. Stufe: Verarbeitung

Die Mitglieder der Zielgruppe verstehen die Werbebotschaft. Sie wird in dem Maße mehr oder weniger akzeptiert, wie sie auf aktuelle Situationen eingeht (z.B. Konfliktlösungen anbietet) und wie sie bestimmte (sympathische) Stimmungen bzw. Gefühle trifft oder auslöst. Die verstandene Werbebotschaft und die in der 1. Stufe wahrgenommenen Informationen werden gespeichert und begründen den Bekanntheitsgrad des Produkts. So werden die Motive für die Entscheidung zum Kauf gelenkt und Einstellungen zum Produkt bzw. zur Marke geprägt. Es entstehen Wünsche, das Produkt zu besitzen, und evtl. Präferenzen für das Produkt bzw. für die Marke.

3. Stufe: Aktion

In der aktuellen Kaufsituation entscheiden sich die Mitglieder der Zielgruppe für das Produkt nach hinreichender Motivation und Präferenzbildung. Bei Konkurrenz zwischen Produkten wird die Entscheidung wesentlich vom Bekanntheitsgrad, d.h. von den Erinnerungen an die Werbebotschaft und an Informationen, bestimmt.

5.3.1.2 Werbestrategie

In das Konzept der (eher langfristigen) Werbestrategie eines Unternehmens gehen einerseits übergeordnete Unternehmens- und Marketingziele ein, andererseits beruht es aber wesentlich auf den Ergebnissen von Marktanalysen. Dazu zählen u.a.

- die Abschätzung von Marktchancen für alte und neue Produkte,
- die Untersuchung der Ursachen und die Beurteilung der Nachhaltigkeit von Nachfrageänderungen,
- die Beurteilung des bisherigen und des zukünftigen Verhaltens der Mitbewerber,
- die Einschätzung des Alters des Produkts (als Teil des Lebenszyklusses dieses Produkts).

Daraus ergeben sich die folgenden, eng aufeinander bezogenen Aspekte der Werbestrategie:

1. Definition der Werbeziele und ihre Spezifierung,
2. Formulierung der Werbebotschaft und ihre Verschlüsselung,
3. Bestimmung der Zielgruppe bzw. der Zielpersonen.

Werbeziele

Die Definition der Werbeziele ist Grundlage der Werbestrategie. Sie konkretisiert die übergeordneten Ziele und die Maßnahmen, die diese erfordern. So treibt ein Unternehmen, das seine Marktchancen ausnutzen und Marktanteile gewinnen will, um über Absatz- und Umsatzsteigerung den Gewinn zu erhöhen und die Kosten zu senken, **Expansionswerbung**. Wenn ein Unternehmen mit Werbung an sein Produkt erinnert, treibt es **Erinnerungswerbung**, um die Nachfrage zu stabilisieren. Von **Erhaltungswerbung** spricht man, wenn ein Unternehmen mit Werbung versucht, seinen Absatz und seinen Marktanteil gegen die zunehmende Substitutionskonkurrenz zu verteidigen.

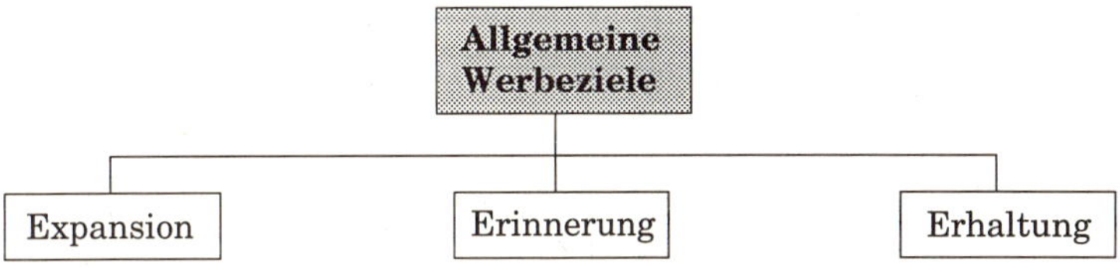

Die hier aufgezählten **allgemeinen Werbeziele** müssen durch die Definition **spezieller Werbeziele** ergänzt und spezifiziert werden.

Aus den Annahmen des Einführungsbeispiels lassen sich Beispiele für spezielle Werbeziele ableiten:

- Ein neues Produkt wird bei einer bestimmten Zielgruppe bekannt gemacht.

- Das Image der Marke soll verbessert werden; Aufmachung und Darstellung des Markennamens und -zeichens werden in modernisierter Form in Verpackung, Werbematerial, Werbespots usw. aufgenommen.

- Das Produkt, das Marktanteile an Mitbewerber abgeben mußte, soll nachdrücklich in Erinnerung gebracht werden.

- Der Bekanntheitsgrad des Produkts, für das auf Grund veränderter Konsumgewohnheiten offensichtlich Bedarf besteht, soll erhöht werden.

Zielgruppen

Die Werbemaßnahmen (Werbeziele) sind auf mehr oder weniger genau definierte Zielgruppen ausgerichtet. Zielgruppen werden gelegentlich bereits durch das Produkt bestimmt. So sind Besitzer von Gärten die Zielgruppe bei Werbung für Gartengeräte. Die Zielgruppe kann genauer umrissen werden, wenn Werbemaßnahmen gezielter eingesetzt werden sollen. So wird z.B. bei einer Werbung für elegante Damenoberbekleidung des Herstellers Y als Zielgruppe Damen einer bestimmten Altersgruppe mit höherem Einkommen und mit Ansprüchen an Eleganz usw. in Betracht kommen.

Zielgruppen sind also Gruppen von Individuen, die hinsichtlich bestimter Merkmale, Eigenschaften, Einstellungen usw. gleich sind (vgl. dazu die Ausführungen über Segmente).

Verschlüsselung der Werbebotschaft

Das Signal soll von der Zielgruppe nicht nur empfangen werden, sondern es soll auch ihre Aufmerksamkeit erregen. Deshalb wird die Werbebotschaft auf die besonderen Belange der Zielgruppe hin verschlüsselt.

Beispiel: *Die Ostholmer Mühlenwerne haben als Zielgruppe für ihre Backmischungen berufstätige Hausfrauen bestimmt. Die für die Mitglieder dieser Zielgruppe gleichen Merkmale lassen sich andeutungsweise so umschreiben: Sie sind berufstätig, sie sind Hausfrauen und Mütter von Kindern, die dem Säuglings- und Kleinkindalter entwachsen sind, sie sind 30 bis 50 Jahre alt. Durch ihre beruflichen Positionen (und die ihrer Ehemänner) wird ihre Zugehörigkeit zur Mittelschicht bestimmt. Das ihnen zur Verfügung stehende Wirtschaftsgeld ist relativ hoch. Ihre Einstellungen, z.B. zur Familie, werden geprägt durch Traditionen der Mittelschicht (Familie und das Leben in der Familien haben erhebliche Bedeutung). So bestehen Wünsche, Konflikte, die sich aus zeitaufwendiger Berufstätigkeit und Sorge für Familie und Kinder ergeben, auszugleichen.*

Die Werbebotschaft wird verschlüsselt mit Hilfe der Elemente einer kurzen Spielszene, die über einen Werbespot im Fernsehen vermittelt wird. Die Spielhandlung stellt eine Familie am nachmittäglichen Kaffeetisch dar. Gesprächsfetzen weisen auf die Berufstätigkeit der Hausfrau hin, während diese den Kuchen aufschneidet und die Stücke vorlegt. Gespräche und lächelnde Gesichter deuten Zufriedenheit über den wohlschmekkenden, hervorragend gelungenen Kuchen und Lob für die Hausfrau an, die darüber vor Zufriedenheit strahlt. Einblendungen der Marke, weitergehender Hinweise auf das Produkt und des Slogans „Kuchen mit Back-Gold gelingen immer" ergänzen den Spot.

Die gefühlsbetonte Darstellung eines nachvollziehbaren Erlebnisses im Familienalltag und sachliche Informationen können die Aufmerksamkeit der Zielpersonen erregen. Die Werbebotschaft wird verstanden und übernommen, vor allem dann, wenn die Zielpersonen sich mit den dargestellten Personen in einem spezifischen Rollenkonflikt identifizieren können und die Werbebotschaft Lösungen des Konflikts anbietet.

So können Motive gesteuert und Einstellungen geändert oder geprägt werden, so daß schließlich die Kaufentscheidung für das Produkt möglich wird.

5.3.1.3 Werbemittel

Das im Einführungsbeispiel angenommene Unternehmen wirbt für sein neues Produkt im Fernsehen. Die Entscheidung für dieses Werbemittel wird u.a. mit den Möglichkeiten der Übermittlung begründet: Informative und emotionale Anregungen können in Szene gesetzt und von den Umworbenen in häuslicher Atmosphäre (nach einem Arbeitstag, im Familienkreis) empfangen werden.

Diese Vorteile des Mediums Fernsehen wiegen wegen des möglichen Werbeerfolgs die Nachteile (relativ geringe Reichweite, erhebliche Kosten) auf. Die gleichzeitig laufende Funkwerbung soll die Fernsehwerbung unterstützen.

Ein Einzelhandelsunternehmen, z.B. ein Verbrauchermarkt, wirbt mit Inseraten in der Tageszeitung für Sonderangebote, zur Darstellung seines Sortiments und für sein Image. Gründe für die Wahl dieses Werbemittels sind u.a., die als Käufer in Betracht kommenden Leser der Zeitung in häuslicher Umgebung oder am Arbeitsplatz mit Argumenten und/oder aktueller Information anzusprechen und ihre Aufmerksamkeit zu wecken. Wichtig sind als Entscheidungsgründe auch die relativ große Reichweite und die mehrmalige Nutzung der Zeitung.

Ein Einzelhändler von geringer Bedeutung wirbt für sein Geschäft, sein Sortiment und für besondere Angebote mit der Gestaltung seiner Schaufenster und der Außenfront. Er benutzt dazu einerseits die Produkte, für die er wirbt, andererseits Plakate, Display- und anderes Werbematerial, das ihm zur Verfügung gestellt wurde bzw. das er selbst anfertigen kann. Gelegentlich ergänzt er diese Werbung durch Anzeigen in einem wöchentlich erscheinenden Werbeblatt. Er wählt diese Werbemittel, weil sie mit relativ geringen Kosten verbunden sind. Im Schaufenster ausgestellte Produkte sprechen wie die an der Außenfront angebrachten Plakate die besondere Zielgruppe „Laufkundschaft" an. Und mit den Inseraten betreibt er neben aktueller Information über Sonderangebote und über Sortimentserweiterungen Erinnerungs- und Festigungswerbung.

Diese Darstellung nennt exemplarisch Werbemittel und gibt dazu die möglichen Gründe für ihre Wahl an. Wichtige Werbemittel sind:

- Sendungen im Werbefernsehen,
- Sendungen im Werbefunk,
- Anzeigen in Zeitungen, Zeitschriften, periodisch erscheinenden Werbeblättern,
- Gestaltung der Schaufenster und der Außenfront des Geschäfts,
- Plakate,
- Werbebriefe,
- Wurfsendungen,
- Werbung im Kino (Dia oder Film).

Kriterien für die Wahl bestimmter Werbemittel sind neben den Kosten und der Reichweite u.a.

- die **Darstellungsmöglichkeiten** (z.B. szenische Darstellungen im Fernsehen und Rundfunk, verbale Darstellung im Brief, bildliche Darstellung im Plakat, verbale und bildliche Darstellung in der Zeitschriftenanzeige usw.),

- die **Situationen**, in denen sich die Zielpersonen bei Kontakt mit den Werbemitteln befinden (z.B. in häuslicher Atmosphäre, im Zusammenhang mit der Erwartung von Entspannung und Unterhaltung durch das Fernsehprogramm, auf dem Weg zur Arbeit, am Arbeitsplatz im Zusammenhang mit aktueller Information durch Radio und Zeitung, beim Schaufensterbummel usw.),

- der **Zeitpunkt**, an dem die Zielpersonen das Werbemittel kontaktieren (z.B. morgens vor dem täglichen Einkauf), der Zeitraum, in dem das Werbemittel betrachtet werden kann (z.B. der Inhalt einer Anzeige in einer Wochenzeitschrift kann wiederholt betrachtet werden).

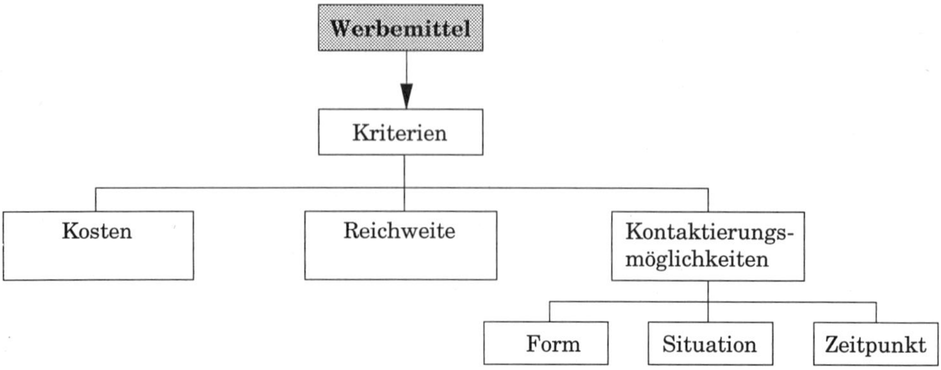

Neben der Wahl des Werbemittels ist auch die **Wahl des Werbeträgers** von Bedeutung. Gefragt wird danach, in welcher Zeitschrift (Werbeträger) eine Anzeige (Werbemittel) erscheinen soll, von welchem Fernsehsender (Werbeträger) ein Werbespot (Werbemittel) ausgestrahlt werden soll.

Entscheidende **Kriterien** für die Auswahl der Werbeträger sind vor allem die verschiedenen Aspekte ihrer **Reichweite**. Diese Problematik kann beispielhaft für den Werbeträger Zeitschrift anhand der folgenden Fragestellungen verdeutlicht werden:

- Wie groß ist das Erscheinungsgebiet der Zeitschrift?
- Wie groß ist die Auflage der Zeitschrift, der zahlenmäßige Umfang der Leserschaft?
- In welchem Umfang erreicht die Zeitschrift die angepeilte Zielgruppe?

Gefragt wird also nach der räumlichen, der personellen und der gruppenspezifischen Reichweite des Werbeträgers.

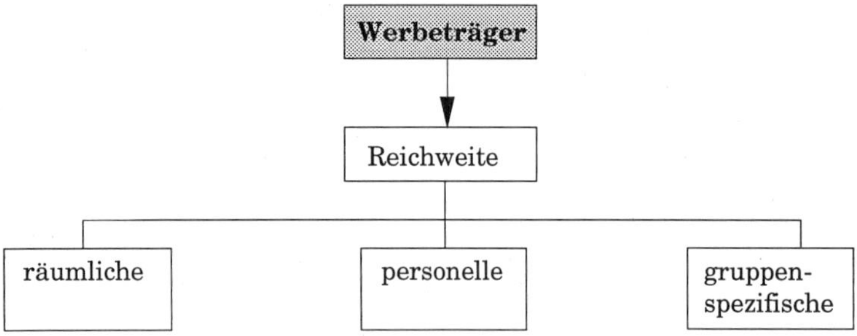

5.3.1.4 Werbeetat

Entsprechend der Bedeutung der Werbung auf Käufermärkten sind die Aufwendungen für Werbung sehr hoch. So gaben z. B. die Hersteller für Haustierfutter 1992 für Werbung rund 135 Mio. DM aus; gegenüber dem Vorjahr bedeutete das einen Anstieg der Ausgaben um rund 20 Mio. DM bzw. 18 %. Die folgende Übersicht (Tab. 6) zeigt, wie sich die Werbeausgaben in dieser Branche im Laufe der vergangenen Jahre entwickelt haben und wie sich die Ausgaben auf die Werbeträger verteilen.

Medien	1989		1990		1991		1992	
	TDM	%	TDM	%	TDM	%	TDM	%
Zeitungen	–	–	–	–	–	–	2.705	2
Publikumszeitschriften	33.932	28	27.426	26	18.318	16	27.047	20
Fachzeitschriften	3.636	3	3.165	3	3.435	3	4.057	3
Werbefernsehen	69.075	57	62.236	59	83.575	73	98.722	73
Werbefunk	14.542	12	12.658	12	9.158	8	2.705	2
	121.185	100	105.484	100	114.486	100	135.236	100
Veränderungen gegenüber dem Vorjahr in TDM			– 15.700		9.001		20.749	
Veränderungen gegenüber dem Vorjahr in v. H.			– 13		9		18	
Entwicklung (1989 = 100)	100		87		94		112	

Tab. 6: Verteilung der Werbeaufwendungen der Anbieter von Haustierfutter auf die Medien (Quelle: Schmidt & Pohlmann)

Diese Veröffentlichung kann für einzelne Anbieter von Haustiernahrung von Bedeutung sein, wenn sie ihren Werbeetat nach den Werbeanstrengungen der Branche ausrichten. Gelegentlich bestimmen nämlich werbende Unternehmen die Höhe der geplanten Werbeausgaben danach, was Mitbewerber für Werbung ausgeben. Die Werbung, für die der Etat nach der sog. **wettbewerbsbezogenen Methode** festgelegt wurde, hat eher defensiven als offensiven Charakter.

Wenn die Höhe des Werbeetats von den Finanzmitteln, die sich nach Abzug von Aufwendungen vom Gesamtbudget als Restgröße ergeben, bestimmt wird, spricht man von der **finanzmittelbezogenen Methode**. Nicht der auf der Grundlage genau definierter Ziele ermittelte Werbebedarf, sondern eine Restgröße gibt letztlich vor, wie hoch die Werbeausgaben sein dürfen.

Häufig wird die Etathöhe vom Umsatz bestimmt. Mit einem Prozentsatz vom Umsatz der Vorperiode oder vom erwarteten Umsatz werden die geplanten Werbeausgaben angegeben. Die Höhe des Umsatzes bestimmt also die Höhe der Werbeausgaben. Die **umsatzbezogene Methode** zur Festlegung des Werbeetats berücksichtigt nur unzulänglich den Kausalzusammenhang zwischen Werbung (Ursache) und Umsatzhöhe (Wirkung), sie erscheint deshalb nicht immer sinnvoll. Trotz ihrer Unzulänglichkeit ist diese Methode in der Praxis relativ häufig.

Sinnvoller erscheint es, den Werbeetat am Werbebedarf auszurichten, weil sich der Bedarf aus den genau definierten Werbezielen ergibt. Die ermittelten Aufwendungen bestimmen dann den Etat. Andere Aspekte, wie z. B. die Finanz- und die Konkurrenzsituation, können bei dieser **werbezielbezogenen Methode** angemessen berücksichtigt werden.

Der Werbeetat ist nach sachlichen und zeitlichen Gesichtspunkten zu verteilen. Diese Verteilung wird als **Streuplanung** bezeichnet. Verteilt wird der Etat auf die Werbeobjekte, auf die Werbung für alte und neue Produkte und auf die verschiedenen Werbemittel und -träger.

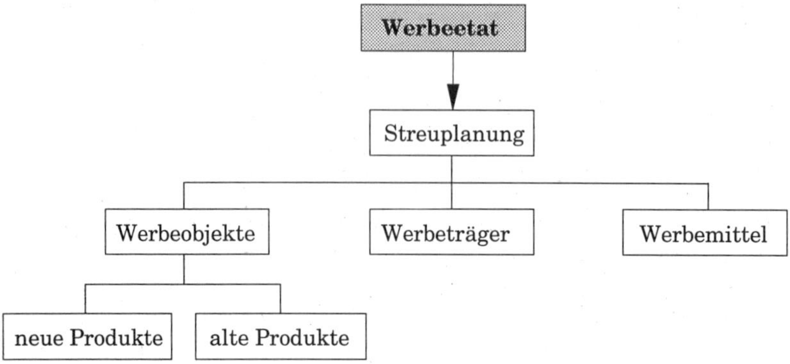

Bei der Verteilung des Etats wird auch berücksichtigt, daß zu bestimmten Zeiten stärker geworben werden muß. So machen saisonale Schwankungen der Nachfrage besondere Werbemaßnahmen erforderlich. Vor großen Feiertagen wird in der Regel für Konsumgüter besonders aufwendig geworben. Nach einem Werbeanstoß werden in Abständen Wiederholungswerbungen notwendig.

5.3.2 Persönlicher Verkauf

Die besondere Bedeutung des persönlichen Verkaufs liegt im persönlichen Kontakt, in der Kommunikation zwischen dem Verkäufer (bzw. seinem Vertreter) und dem möglichen Käufer (ggf. seinem Vertreter). Insofern wird der persönliche Verkauf, sein Umfang, die einzusetzenden Personen und die Bereiche Gegenstand kommunikationspolitischer Entscheidungen.

Oberstes Ziel des persönlichen Verkaufs ist es, den **Verkaufsabschluß durch Verkaufsgespräche**, durch Erläuterungen, Beratungen, Einführungen usw. herbeizuführen. Das gilt vor allem für Produkte, die sehr erklärungsbedürftig sind.

Andere, eher untergeordnete Ziele sind z.B. die Förderung des Unternehmensimages, die Beeinflussung der Einstellung gegenüber Produkten und Marken, die Gewinnung von Informationen über Kunden (Anzahl, Erwartungen, Einstellungen) oder lediglich die Unterstützung der Verkaufsabteilung bei ihren Bemühungen, Aufträge hereinzuholen.

Persönlicher Verkauf findet vor allem statt bei den Tätigkeiten der **Verkäufer** im Bedienungseinzelhandel und bei den Besuchen der **Außendienstmitarbeiter**, der Reisenden und Vertreter. Aber auch der Verkauf auf organisierten Verkaufsveranstaltungen (z.B. Messen) und der Telefonverkauf gehören zum persönlichen Verkauf.

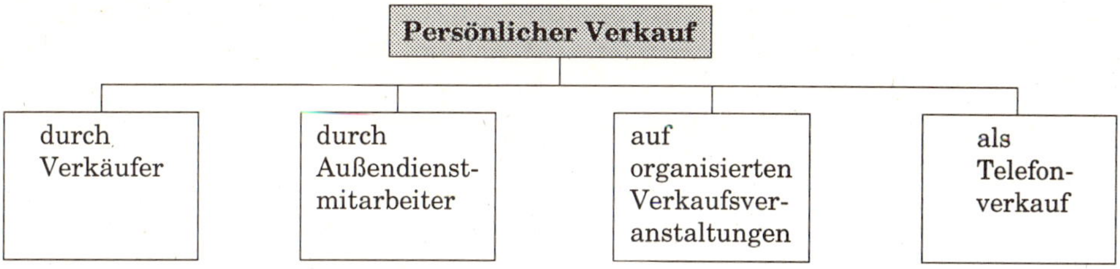

Der Erfolg des persönlichen Verkaufs hängt zunächst von der Person des Verkäufers ab, von seiner Persönlichkeit, von seiner Art also, auf Kunden einzugehen. Von großer Bedeutung ist die Fähigkeit, in die Interaktionen mit den Kunden Glaubwürdigkeit, Überzeugungskraft und Kenntnisse über das Produkt und der Kundenprobleme einzubringen. Der Verkäufer muß das Produkt erklären und die Kunden glaubwürdig davon überzeugen können, daß es zur Lösung ihrer Probleme, zur Befriedigung ihrer Bedürfnisse beiträgt. Dabei helfen ihm das Image des Unternehmens, das er vertritt ebenso wie das Markenimage des Produkts, das er verkaufen will. Wichtig ist auch, daß er das Produkt angemessen präsentieren kann.

5.3.3 Verkaufsförderung

Die Ostholmer Mühlenwerke bieten den Käufern ihrer Backmischungen die Möglichkeit, Gutscheine zu sammeln, für die sie ein Buch mit Rezepten erhalten können. Diese Maßnahme ergänzt die übrige Werbung mit dem Ziel, den Verkauf zu fördern.

Alle Maßnahmen, die zusätzlich und/oder außergewöhnlich die Absatzmittler und die eigenen Verkaufsorgane unterstützen und die Verbraucher beeinflussen, werden zusammengefaßt unter der Bezeichnung **Verkaufsförderung** (Sales Promotion). Die Maßnahmen können sich (wie im Beispiel) an die Verbraucher wenden, Zielgruppen können aber auch der Handel und das Verkaufspersonal sein.

Beispiele für verkaufsfördernde Maßnahmen, die sich an die Verbraucher wenden sind: Sammelgutscheine, die Möglichkeit, Ware gegen Erstattung des Kaufpreises zurückzugeben; Proben; Teilnahmemöglichkeit an Preisausschreiben; Verlosung usw.

Beispiele für verkaufsfördernde Maßnahmen, die sich an den Handel wenden, sind: Besondere Nachlässe; Kooperation bei Werbung (Zuschüsse zu den Werbekosten, Überlassung von Displaymaterial, Einsatz von Propagandistinnen in den Geschäften); Händlerlisteförderung (z.B. Anzeigen in Zeitschriften mit Bezugsquellenangaben); Prämien; Schulungen usw.

Beispiele für verkaufsfördernde Maßnahmen, die sich an das Verkaufspersonal richten: Verkaufswettbewerbe; Prämien für besondere Leistungen; Schulungen, Seminare, Überlassung von Informationsmaterial usw.

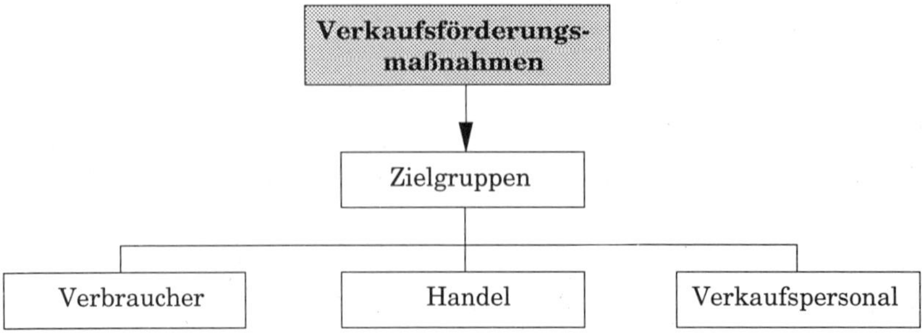

5.3.4 Public Relations

Im Einführungsbeispiel bieten die Ostholmer Mühlenwerke einer Hausfrauengruppe die Möglichkeit, den Betrieb unter sachkundiger Leitung zu besichtigen und an einem Informationsgespräch teilzunehmen.

Die Mühlenwerke treiben mit dieser Maßnahme Öffentlichkeitsarbeit (Public Relations). **Mit der Öffentlichkeitsarbeit richtet sich ein Unternehmen an** bestimmte **Teilöffentlichkeiten** (d.h. an Gruppen), z.B. an Verbraucher, an Lehrer, an Schüler, an Aktionäre, an Abgeordnete, an Journalisten. Seine Absichten sind dabei,

- über das Unternehmen, seine Produkte, seine Probleme zu informieren,
- Beziehungen herzustellen,
- Anerkennung für bestimmte Maßnahmen zu finden.

Dadurch können die **Ziele** der Öffentlichkeitsarbeit erreicht werden, nämlich **Gewinnung und Festigung von Vertrauen und Verständnis, Verbesserung und Pflege des Images**.

Mittel der Öffentlichkeitsarbeit sind u.a.: Betriebsbesichtigungen, Informationsdienste für die Presse, Vorträge, Filme, Stiftungen.

5.4 Distributionspolitik

Beispiel: *Die Ostholmer Mühlenwerke bringen ihre Mehlprodukte und Backmischungen auf verschiedenen Wegen an die Endverbraucher. Zunächst über den „klassischen" Absatzweg Großhandel - Einzelhandel. Die Mühlenwerke verkaufen an den Großhändler Müller in Lübeck und beliefern ihn mit eigenem Lkw. Der Reisende der Firma Müller besucht die Einzelhändler, u.a. auch Peter Carlsen in Altenaue, der seine Bestellung bei ihm aufgibt. Der Großhändler Müller liefert an den Einzelhändler Carlsen mit eigenem Lkw am Dienstag der auf die Bestellung folgenden Woche. Über den Laden von Peter Carlsen gelangen die Produkte der Mühlenwerke an die Endverbraucher.*

Die Mühlenwerke kooperieren mit freiwilligen Ketten, u.a. auch mit der Kette „A bis Z" in Kiel. Die Verträge werden mit der Zentrale der Kette abgeschlossen, über die auch die

Zahlungen laufen. Die angeschlossenen Großhändler werden von den Mühlenwerken direkt beliefert, die ihrerseits die Waren an die beteiligten Einzelhändler weitergeben.

Die Markt-GmbH schließt über ihre Zentrale in Kiel Verträge mit den Ostholmer Mühlenwerken ab. Diese liefern die Waren an die Märkte, wo sie dem Endverbraucher zur Verfügung stehen.

Einige Haushalte in Süddeutschland sind mit der Werbung und / oder den Produkten der Ostholmer Mühlenwerke in Berührung gekommen. Da sie die Produkte im örtlichen Handel (noch) nicht erhalten können, kaufen sie direkt bei den Mühlenwerken, sie werden direkt (unter Inanspruchnahme eines Paketzustelldienstes bzw. der Post) beliefert.

Die Brotfabrik Thaer KG in Mittelwehden bezieht von den Ostholmer Mühlenwerken die zur Produktion erforderlichen Mehlsorten. Sie wird von den Mühlenwerken mit eigenem Lkw direkt beliefert.

Die Ostholmer Mühlenwerke ihrerseits beziehen das für ihre Mehlproduktion erforderliche Getreide von einer Landhandelsgesellschaft, die es von den Erzeugern gekauft hat. Sie holen diesen Rohstoff mit eigenem Lkw vom Lager der Landhandelsgeellschaft ab.

Diese einfachen Beispiele umreißen die Bedeutung von Distribution. **Distribution heißt Verteilung**, verteilt werden Produkte an Endverkäufer. Distribution befaßt sich mit den Fragen, **auf welchen Wegen** und **mit welchen Absatzmittlern** Produkte vom Hersteller an die Endkäufer gebracht werden. Endkäufer bei Konsumgütern sind die Haushalte. Endkäufer bei Rohstoffen und Anlagegütern sind Abnehmer, die diese Produkte bearbeiten, verarbeiten oder bei der Produktion verwenden (vgl. dazu die Übersicht in Abb. 31 S. 90).

Ergebnis der Distribution ist der **Distributionsgrad**. Er gibt an, in welchem Umfang das Produkt für den Endkäufer erhältlich ist. Ein hoher Distributionsgrad für die Mehlprodukte der Ostholmer Mühlenwerke kann z.B. heißen, daß die Verbraucher diese Produkte beim Einzelhandel ständig in den gewünschten Mengen kaufen können.

5.4.1 Aufgaben und Ziele der Distributionspolitik

Die Distributionspolitik befaßt sich mit den Entscheidungen für die Maßnahmen, die zur Verteilung der Produkte innerhalb vorgegebener Ziele zu ergreifen sind. Diese Entscheidungen betreffen u.a. die Absatzwege, den Einsatz von Absatzmittlern und -helfern, den Einsatz von Reisenden oder Vertretern, die Einrichtung von Vertriebslagern, die Benutzung von Transportmitteln.

Die Entscheidungen sind abhängig von vorgegebenen Zielen. Ziele können sein: ein bestimmter (hoher) Distributionsgrad, ein bestimmter (hoher) Grad der Lieferbereitschaft, Erhöhung des Umsatzes, Vergrößerung des Marktanteils, Verminderung der Vertriebskosten.

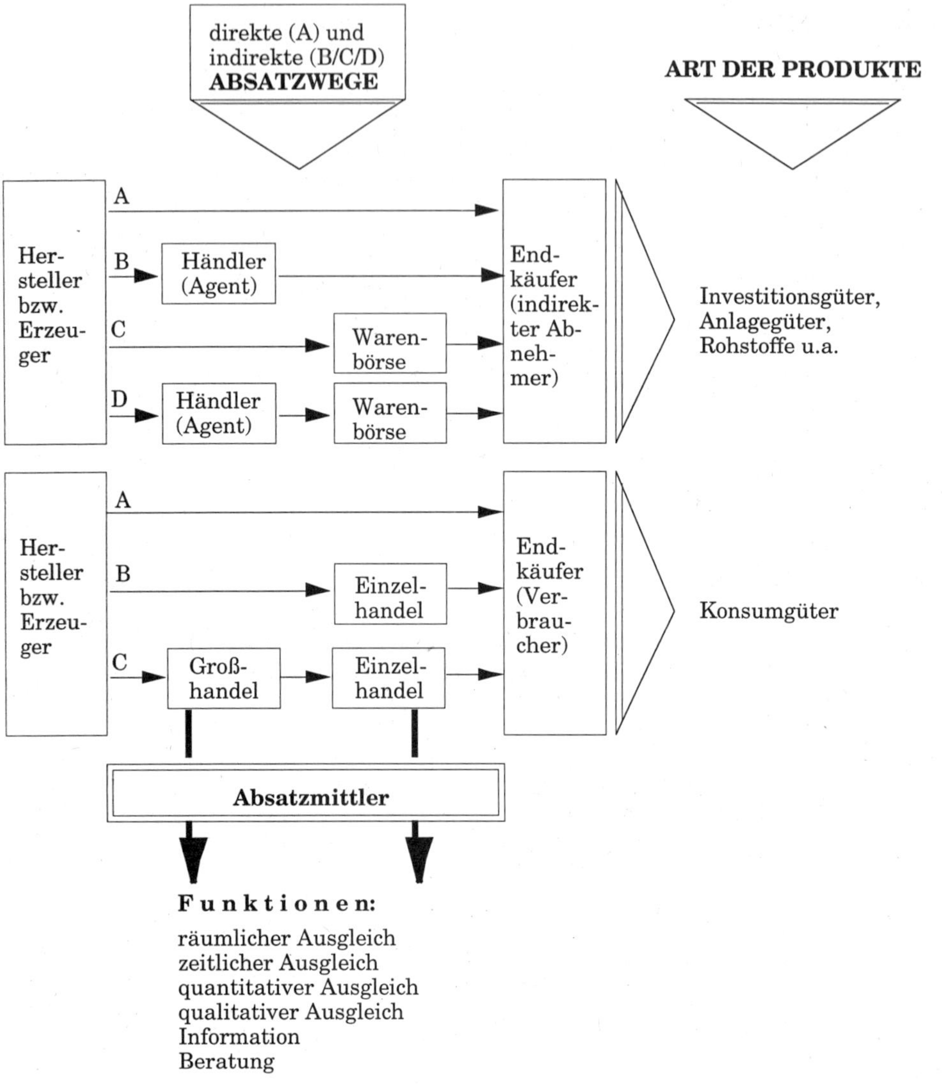

Abb. 31: Typisierung der Absatzwege

Andere Kriterien können die Entscheidungen beeinflussen. So kann die Entscheidung für einen bestimmten Absatzmittler von seiner Bedeutung als Abnehmer großer Mengen oder von seinem Image bei den Verbrauchern abhängig gemacht werden. Auch die Kooperationsbereitschaft der Absatzmittler kann für die Wahl von Bedeutung sein u.a.

5.4.2 Absatzwege

Mit **Absatzweg** wird der **Weg eines Produktes vom Hersteller zum Endkäufer** bezeichnet. In den Einführungsbeispielen werden einige Absatzwege exemplarisch beschrieben: Der klassische Weg über Großhändler und Einzelhändler zum Verbraucher (wobei an die Stelle des Großhändlers auch der Handelsvertreter treten kann), der modifizierte Weg, bei dem der Großhändler ausgeschaltet ist, der direkte Weg vom Hersteller zum Verbraucher und der Weg vom Hersteller oder Erzeuger (bzw. Aufkaufhändler) zum Verwender des Rohstoffs.

Die Absatzwege unterscheiden sich dadurch, daß der Absatz (z.B. durch den Handel) vermittelt wird oder nicht. **Direkte Absatzwege** kommen ohne Absatzmittler aus, **indirekte Absatzwege** sind dadurch gekennzeichnet, daß Absatzmittler eingesetzt werden. Diese Typisierung der Absatzwege gilt sowohl für den Absatz von Konsumgütern als auch für den Absatz von Rohstoffen und Investitionsgütern (vgl. Abb. 31).

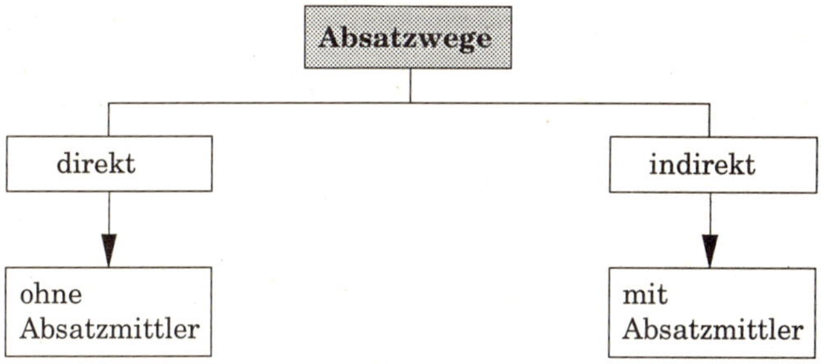

Folgende **Gründe** sprechen **für** die Benutzung **indirekter Absatzwege**: Die Absatzmittler übernehmen beim Absatz bestimmte Funktionen für den Hersteller, sie entlasten ihn damit von den entsprechenden Kosten. So werden die **Vertriebskosten** des Herstellers dadurch erheblich **gemindert**, daß er eine relativ kleine Zahl von Absatzmittlern mit relativ großen Absatzmengen auf kürzeren Transportwegen beliefern kann. (Hier kommen die Funktionen räumlicher und quantitativer Ausgleich durch die Absatzmittler zur Anwendung). Zur **Verminderung der Lagerhaltungskosten** beim Hersteller können die Absatzmittler durch eigene Lagerhaltung beitragen; durch die Lagerhaltung wird der **Grad der Lieferbereitschaft** (vom Großhandel zum Einzelhandel) und der **Distributionsgrad** (des Einzelhandels gegenüber den Haushalten) erhöht. (Bei Lagerhaltung kommen die folgenden Funktionen zur Anwendung: zeitlicher, quantitativer und qualitativer Ausgleich.) Außerdem übernehmen die Absatzmittler die **Information** und die **Beratung** der Käufer. Auch das Image von bestimmten Absatzmittlern (z.B. das Ansehen eines Einzelhändlers bei den Käufern) kann dazu beitragen, ihre Mittlerfunktion in Anspruch zu nehmen.

Direkte Absatzwege werden u.a. **aus folgenden Gründen** gewählt: Produkte werden an Endkäufer direkt versandt, wenn das Absatzgebiet (noch) nicht erschlossen ist und sich der Einsatz von Absatzmittlern wegen der geringen Zahl von Endkäufern mit relativ geringen Bedarfsmengen nicht lohnt. Der direkte Absatz kann sich trotz erheblicher Vertriebskosten lohnen, wenn an einen Endverkäufer **relativ große Mengen** zu liefern sind oder wenn **mehrere Abnehmer** einer insgesamt großen

Menge regional **konzentriert** ihren Wohn- oder Firmensitz haben. **Anlagegüter** werden häufig direkt abgesetzt, u.a. wegen besonderer **Transport- und Montageprobleme**. Aus ähnlichen Gründen werden auch bestimmte Gebrauchsgüter an Endverbraucher direkt geliefert, zumal dann, wenn sie sehr erklärungsbedürftig sind. Güter, die häufige **Bewegungen beim Entladen und Beladen** nicht vertragen oder denen Zwischenlagerungen nicht zuträglich sind, werden direkt versandt. Direkter Absatz kann auch beim Streckengeschäft vorliegen: Der Hersteller beliefert den Endkäufer direkt, der Handel vermittelt lediglich den Abschluß des Vertrages.

5.4.3 Absatzmittler

Absatzmittler sind **wirtschaftlich und rechtlich selbständig**, sie setzen bei der Vermittlung des Absatzes **absatzpolitische Instrumente** ein. Als Mittler sind **vor allem Groß- und Einzelhandel** und der selbständige **Handelsvertreter** zu nennen. Nach dieser Definition können auch Kommissionäre und Handelsmakler zu den Absatzmittlern gezählt werden. Der **Kommissionär** ist ein selbständiger Kaufmann, der ständig oder von Fall zu Fall beauftragt ist, im eigenen Namen aber für Rechnung des Auftraggebers (des Kommittenten) Waren oder Wertpapiere zu verkaufen oder zu kaufen. Der **Handelsmakler** ist ebenfalls Kaufmann; er wird von Fall zu Fall beauftragt, Waren u.a. zu verkaufen oder zu kaufen.

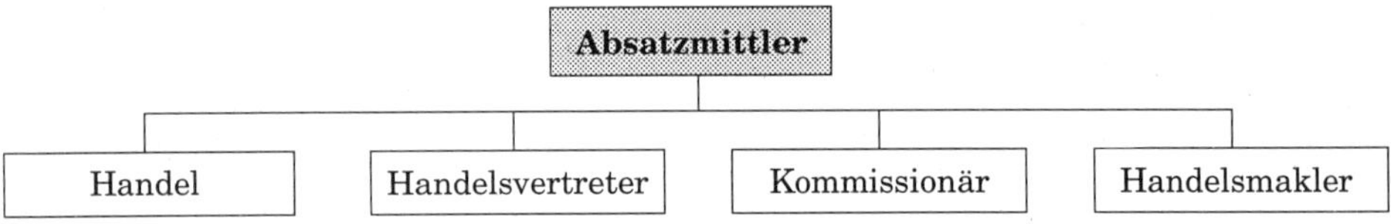

Absatzmittler unterscheiden sich von den Absatzhelfern, die zwar auch rechtlich und wirtschaftlich selbständig sind, aber keine absatzpolitischen Instrumente einsetzen. Sie haben bei der Vermittlung des Absatzes nur helfende und unterstützende Aufgaben. Absatzmittler sind z.B. Spediteure und Frachtführer.

Der **Handel** übernimmt bei der Absatzvermittlung die folgenden **Funktionen**:

- **räumlicher Ausgleich**, d.h. der Weg zwischen dem Ort der Herstellung und dem des Verbrauchs wird überbrückt;

- **zeitlicher Ausgleich**, d.h. der Zeitraum zwischen dem Zeitpunkt der Herstellung und dem des Verbrauchs wird überbrückt;

- **quantitativer Ausgleich**, d.h. Mengenumgruppierung, Absatzmittler kaufen in großen Mengen ein und geben in kleinen, dem Bedarf entsprechenden Mengen ab;

- **qualitativer Ausgleich**, d.h. durch Manipulation (z.B. Mischen, Abfüllen, Lagerung);

- **Information**;

- **Beratung**.

Im Einführungsbeispiel beteiligen die Ostholmer Mühlenwerke ihren Marketingzielen (z.B. hoher Distributionsgrad) entsprechend eine große Anzahl aller in Betracht kommender Einzelhandelsgeschäfte an der Verteilung ihrer Produkte. So können die Verbraucherhaushalte die verschiedenen Mehlsorten sowohl im klassischen Einzelhandel als auch in Verbrauchermärkten und in den Lebensmittelabteilungen der Warenhäuser erhalten. Das Unternehmen treibt damit **intensive Distribution**. Intensive Distribution ist häufig bei Gütern des täglichen Bedarfs.

Exklusive Distribution liegt vor, wenn ein Unternehmen die Zahl der Absatzmittler beschränkt. Die Produkte werden auf der Grundlage von Exklusivverträgen über besondere („exklusive") Absatzmittler vertrieben. Der Hersteller kann dadurch einerseits besondere Verkaufsbemühungen, Aktivitäten und Kundendienst von den Absatzmittlern erwarten, andererseits nutzt er aber deren Image bei den Verbrauchern. Das kommt dann auch dem Image des Produktes zugute.

Exklusivverträge spielen auch im Zusammenhang mit der **Akquisition der Absatzmittler** eine gewisse Rolle. Ein Unternehmen wirbt um Absatzmittler, indem es ihnen Verträge mit besonderen Konditionen bietet, in ihren Verkaufsräumen mit eigenen Mitteln Produkte präsentiert usw. (**Pushmethode**). Eine andere Form der Akquisition von Absatzmittlern ist die **Pullmethode**: Ein Unternehmen betreibt starke Endverbraucherwerbung, wie z.B. die Ostholmer Mühlenwerke für ihre Backmischungen Marke „Back-Gold", die dadurch entstehende Nachfrage veranlaßt Einzelhändler, die Marke in ihr Angebot zu übernehmen.

Gelegentlich ist ein Unternehmen gezwungen, aus einer großen Anzahl von möglichen und auch interessierten Absatzmittlern auszuwählen (**Selektion**). Es kann dann seine Entscheidung für bestimmte Händler von folgenden Kriterien abhängig machen: Abnahmemengen, Möglichkeiten für bestimmte Marketingaktivitäten, Größe und Image des Händlers usw.

5.4.4 Reisender oder Handelsvertreter?

Im Einführungsbeispiel wird der Einzelhändler Carlsen von dem Reisenden des Großhändlers Müller besucht, bei dem er bestellt. Diese Absatzvermittlung ist beim Großhandel relativ häufig. Hersteller ziehen dagegen häufig Handelsvertreter zur Absatzvermittlung vor.

Der Reisende ist ein angestellter Kaufmannsgehilfe. Er schließt für seinen Arbeitgeber (Hersteller oder Großhändler) Verträge ab. Für seine Tätigkeit erhält er ein Gehalt und evtl. eine von den getätigten Umsätzen abhängige Provision. Der Handelsvertreter ist ein selbständiger Kaufmann (§ 84 HGB). Er ist ständig damit betraut, für einen anderen Unternehmer Geschäfte zu vermitteln oder in dessen Namen abzuschließen. Er ist selbständig, da er - im Gegensatz zum Reisenden - seine Tätigkeit weitgehend frei gestalten und über seine Zeit frei verfügen kann. Er kann gleichzeitig für mehrere Unternehmen tätig sein. Der Vertreter erhält für seine Tätigkeit eine von den getätigten Umsätzen abhängige Provision und evtl. ein Fixum. (Wenn ein Vertreter ein Fixum erhält, ist dies in der Regel geringer als das Gehalt des Reisenden. Wenn ein

Reisender für die erzielten Umsätze Provisionen erhält, ist der Provisionssatz in der Regel niedriger als der des Handelsvertreters.)

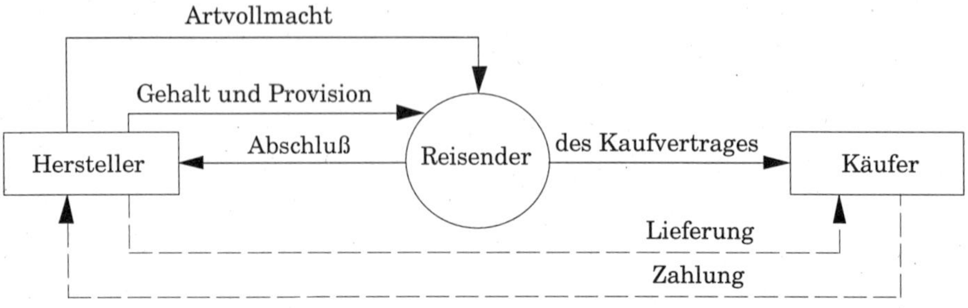

Abb. 32a: Schematische Darstellung der Absatzvermittlung durch den Reisenden

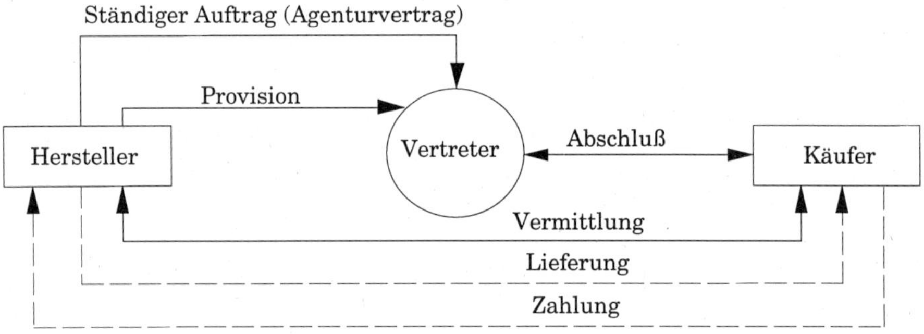

Abb. 32b: Schematische Darstellung der Absatzvermittlung durch den Vertreter

Die Entscheidung eines Unternehmens, einen Reisenden oder einen Handelsvertreter in einem bestimmten Gebiet einzusetzen, beruht u.a. auf dem Vergleich der Kosten.

(1) Kosten des Vertreters $\longleftrightarrow$ Kosten des Reisenden

Unter der Annahme, daß der Vertreter neben der Provision ein Fixum und der Reisende neben dem Gehalt eine Provision erhält, gilt: Die Kosten für den Vertreter (K_V) bzw. für den Reisenden (K_R) setzen sich zusammen aus dem Fixum bzw. dem fixen Gehalt sowie evtl. anderen vom Umsatz unabhängigen festen Kosten (fK_V bzw. fK_R) einerseits und den variablen, vom Umsatz abhängigen Kosten, vor allem den Provisionen, (vK_V bzw. vK_R) andererseits.

In Formeln:

(2) $K_R = fK_R + vK_R$

(3) $K_V = fK_V + vK_V$

(4) $vK = q \cdot U$

(U = Umsatz, q = Satz der vom Umsatz abhängigen Kosten, vor allem Provisionen)

(5) $K_R = fK_R + q_R \cdot U$

(6) $K_V = fK_V + q_V \cdot U$

Sind die Kosten für den Reisenden niedriger als die für den Vertreter, lohnt sich eher der Einsatz des Reisenden (und umgekehrt).

Da die Höhe der Kosten vor allem vom Umsatz abhängt, entscheidet letztlich der erwartete Umsatz, ob in einem Gebiet ein Reisender oder ein Vertreter eingesetzt wird.

Der Umsatz, bei dem die Kosten für den Reisenden und für den Vertreter gleich sind, wird als kritischer Umsatz bezeichnet. Er wird wie folgt berechnet:

(7a) $K_R = K_V$ bei U_{krit}

(7b) $fK_R + q_R \cdot U_{krit} = fK_V + q_V \cdot U_{krit}$

(7c) $q_R \cdot U_{krit} - q_V \cdot U_{krit} = fK_V - fK_R$

(7d) $U_{krit} (q_R - q_V) = fK_V - fK_R$

(8) $U_{krit} = \frac{fK_V - fK_R}{q_R - q_V}$

Zur Verdeutlichung ein einfaches Beispiel: In einem Absatzgebiet können Reisender und Vertreter gleiche Umsätze erzielen. Der Reisende erhält ein Gehalt von monatlich 4.000,- DM und eine Umsatzprovision von 5 %; der Vertreter erhält ein Fixum von monatlich 1.000,- DM und eine Umsatzprovision von 20 %. Andere Kosten fallen nicht an.

Der kritische Umsatz ergibt sich nach Formel (8):

$$U_{krit} = \frac{1.000 - 4.000}{0,05 - 0,20} = \frac{3.000}{0,15} = 20.000$$

Der kritische Umsatz beträgt also 20.000,- DM/mtl. Die Kosten für den Reisenden und den Vertreter sind dabei gleich hoch; nach Formel 4 und 5 ergeben sich:

$$K_R = 4.000 + 0,05 \cdot 20.000 = 5.000,$$
$$K_V = 1.000 + 0,20 \cdot 20.000 = 5.000.$$

Bei einem Umsatz von U_1 = 10.000,- DM/mtl. (d.h. $U_1 < U_{krit}$) ergeben sich folgende Kosten: K_R = 4.500,- DM, K_V = 3.000,- DM. Bei einem Umsatz von U_2 = 30.000,- DM/mtl. (d.h. $U_2 > U_{krit}$) ergeben sich folgende Kosten: K_R = 5.500,- DM, K_V = 7.000,- DM. Das Beispiel zeigt, daß bei einem erwarteten Umsatz, der niedriger ist als der kritische Umsatz, die Kosten für den Vertreter niedriger sind als die für den Reisenden. Bei höherem Umsatz sind dagegen die Kosten für den Reisenden niedriger. Der Zusammenhang läßt sich grafisch in Abb. 33 nachvollziehen.

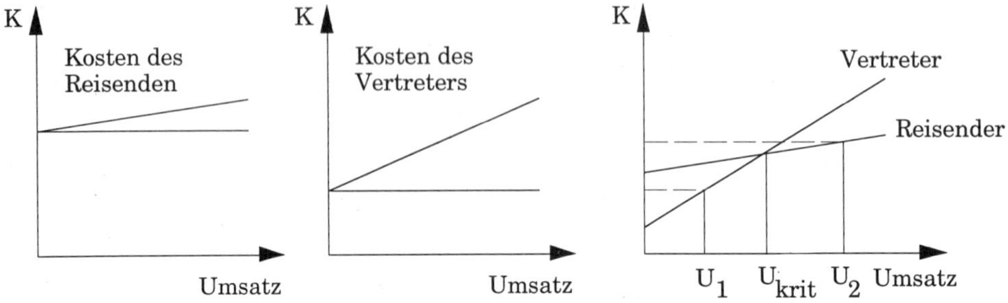

Abb. 33a Abb. 33b Abb. 33c

Wenn davon ausgegangen werden kann, daß der Reisende in einem bestimmten Absatzgebiet durch seinen besonderen Einsatz mehr umsetzt als der Vertreter, muß diese einfache Kostenvergleichsrechnung modifiziert werden. Der höhere Umsatz bedeutet einerseits höheren Gewinn, andererseits aber auch höhere (umsatzabhängige) Kosten. Vor einem Kostenvergleich sind deshalb die Kosten, die der Reisende verursacht, um den zusätzlichen Gewinn zu bereinigen.

Zur Verdeutlichung ein weiteres Beispiel: In einem bestimmten Gebiet würde der Reisende 1200 Stück eines Produkts, der Vertreter nur 900 Stück absetzen. Der Preis pro Stück beträgt 10,- DM, die Kosten pro Stück betragen 7,- DM. Der Reisende erhält ein Gehalt von 4.000,- DM monatlich und eine Provision von 5 %, der Vertreter ein Fixum von 1.000,- DM monatlich und eine Provision von 10 %; andere Kosten fallen nicht an.

Umsatz des Reisenden: 12.000,- DM
Umsatz des Vertreters: 9.000,- DM
Mehrumsatz des Reisenden: 3.000,- DM
Herstellungskosten des Mehrumsatzes des Reisenden: 2.100,- DM
Mehrgewinn des Reisenden (MG_R) : 900,- DM
$K_R = 4.000 + 0{,}05 \cdot 12.000 = 4600$, K_R : 4.600,- DM
$K_V = 1.000 + 0{,}10 \cdot 9.000 = 1900$, K_V : 1.900,- DM
Kosten des Reisenden abzüglich Mehrgewinn: 3.700,- DM.

Die Kosten für den Vertreter sind geringer als die Kosten für den Reisenden abzüglich Mehrgewinn, den er durch seinen besonderen Einsatz hereinholen kann. In diesem Fall ist der Vertreter einzusetzen.

Aus dem Beispiel ergibt sich als Formel für den modifizierten Kostenvergleich:

$$(9)\quad K_R - MG_R \gtreqless K_V$$

Der Kostenvergleich ist sicherlich eine wichtige Entscheidungsgrundlage für den Einsatz von Reisenden oder Vertreter in einem Absatzgebiet. Daneben gibt es **qualitative Faktoren**, die die Entscheidung zumindest mitentscheiden.

Für einen Hersteller kann die Steuerbarkeit des angestellten Reisenden wichtig sein. Das Unternehmen kann Einfluß auf seine Leistungen nehmen, ihn im Betrieb schulen und ihn mit zusätzlichen Aufgaben betrauen. Schließlich kann er davon ausgehen, daß der Reisende besondere Kenntnisse über das Produkt besitzt und deshalb Kunden genauer beraten kann. Bei einem Vertreter schätzt der Auftraggeber u.U. dessen besondere Marktnähe, Marktinformationen und Verkaufsaktivitäten.

5.4.5 Franchising

Franchising ist ein **Vertriebssystem für Waren und Dienstleistungen**, das in den letzten Jahren ständig an Bedeutung gewinnt. Beim Franchising kooperieren zwei selbständige Partner: Franchisegeber und Franchisenehmer.

Grundlage der Zusammenarbeit ist ein Vertrag, der den Franchisenehmer berechtigt, Marke, Firmenname, Warenzeichen, Ideen für Geschäftseinrichtung und Warenverpackungen zu benutzen, ein bestimmtes Produktionsverfahren anzuwenden, Waren zu erzeugen, Getränke abzufüllen, oder diese bzw. eine andere vom Franchisegeber gelieferte oder bestimmte Ware zu vertreiben. Der Franchisegeber unterstützt den Franchisenehmer bei der Geschäftseinrichtung, beim Start und bei der laufenden Geschäftsführung. Er kann z.B. Werbung und Öffentlichkeitsarbeit übernehmen. Häufig führt er auch andere Verwaltungsarbeiten durch den Einsatz einer zentralen EDV-Anlage aus (z.B. Buchführung und kurzfristige Erfolgsrechnungen).

Für die Leistungen des Franchisegebers hat der Franchisenehmer eine einmalige und/ oder laufende Zahlungen zu leisten.

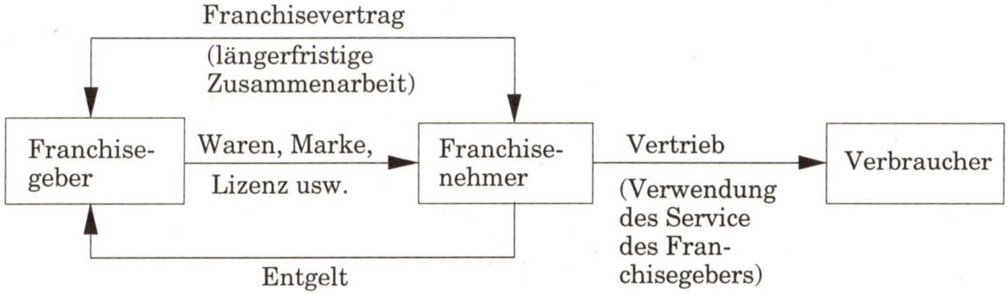

Abb. 34: Schematische Darstellung des Franchising

Die Leistungs- und Funktionsfähigkeit des Franchisesystems hängt weitgehend von den Fähigkeiten des Franchisenehmers und von seiner Bereitschaft ab, den ihm vom Vertrag vorgegebenen Anforderungen gerecht zu werden. Meistens gestattet der Vertrag dem Franchisegeber die regelmäßige Kontrolle des Franchisenehmers.

Gelegentlich schränken die Verträge Franchisenehmer erheblich in ihren Direktionsbefugnissen ein (z.B. bei Personaleinstellung), geben ihnen Umsatzhöhen und Preisbindungen vor und zwingen sie zum Bezug sämtlicher Waren ihres Sortiments vom Franchisegeber.

Franchisesysteme gibt es in der Getränkebranche (z.B. *Coca Cola* und im Biervertrieb), im Autohandel, bei Schnellgaststätten (z.B *McDonald*), im Verkaufswagenvertrieb (z.B. Eismann, Heimpartner), bei Dienstleistungen (z.B. Rechnungswesen), bei Baumärkten (z.B. *Obi-Märkte*), im Lkw-Verleih (z.B. *Rent a car*), bei Lizenzproduktion usw.

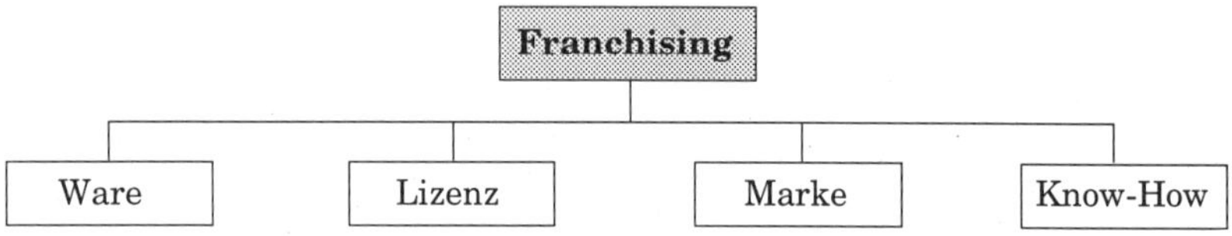

5.4.6 Absatzdurchführung

5.4.6.1 Auftragsabwicklung

Der Einzelhändler Peter Carlsen in Altenaue bestellt bei dem Großhändler Anton Müller in Lübeck 100 kg Weizenmehl des Typs 405. An diesem Vorgang soll exemplarisch die Bearbeitung einer Bestellung beschrieben werden.

In der Poststelle wird die Bestellung mit einem Eingangsvermerk versehen. Sie wird dann an den Verkauf weitergegeben, wo sie zunächst eine interne Auftragsnummer erhält. Im Verkauf wird in die Karteikarte des Kunden Carlsen die Bestellung mit ihren Daten (Datum, Ware, Menge, Umsatz) eingetragen. Auch die Artikelkartei erhält entsprechende Vermerke: Bestellmenge und neuer Bestand. Dann wird die Versandorder (Vordruck mit Durchschriften) erstellt, das Original geht in die Auftragsmappe, Kopien sind für das Lager und die Expedition vorgesehen. Zur Überwachung der Termine wird der Auftrag in die Auftragskartei eingetragen. Nach Abschluß dieser Tätigkeiten wird die Bestellungsannahme ausgefertigt und an den Kunden versandt. Die Expedition hat inzwischen die Versandorderkopie erhalten und stellt daraufhin die Versandpapiere aus. Evtl. wird ein Spediteur mit der Zustellung beauftragt. Im Lager hat der Eingang der Versandorderkopie die Kommissionierung der Ware und ihre Abpackung veranlaßt, außerdem werden die Packzettel ausgestellt. Auf der Lagerkarte wird der Warenausgang vermerkt und der neue Bestand ermittelt. Mit der Rückgabe der Versandkopie (mit entsprechendem Vermerk) wird dem Verkauf mitgeteilt, daß die Ware zum Versand bereitsteht.

Der Verkauf stellt zunächst die Versandanzeige aus, die dem Kunden zugesandt wird. Sodann wird die Rechnung ausgefertigt, das Original ist für den Kunden, Kopien sind für die Buchhaltung und die Statistik vorgesehen. Die Buchhaltung verbucht schließlich auf der Grundlage der Rechnungskopie die Forderung. (In Abb. 33 werden diese Ausführungen schematisch mit einigen Ergänzungen zusammengefaßt.)

5.4.6.2 Grundsätzliche Fragen im Zusammenhang mit Lieferungen

Im Beispiel stellt der Großhändler Müller in Lübeck nach Auftragsabwicklung dem Einzelhändler Carlsen in Altenaue die bestellte Ware mit eigenem Lkw frei Haus zu. Die Zustellung erfolgt im Rahmen der planmäßigen Auslieferung (14tägig, dienstags) bestellter Waren an die Kunden im Altenauer Raum vom Lübecker Lager aus.

Für diese Art der Zustellung als Sammelladung mit eigenem Lkw vom Lübecker Lager aus hat sich der Großhändler wegen der besonderen Vorteile entschieden:

- Sie berücksichtigt die relativ geringen Bestellmengen einzelner Kunden

- und die relativ kurzen Transportwege zu mehreren Kunden, die gleichzeitig beliefert werden,

- evtl. Besonderheiten der Produkte (z.B. könnte die Empfindlichkeit der Produkte bei Inanspruchnahme anderer Transportmittel besondere Verpackungen erfordern),

- die Möglichkeit zur Lieferbereitschaft der relativ geringen Mengen verschiedener Warenarten aus dem umfangreichen Sortiment zum vorgesehenen Auslieferungstermin.

Um seine Kunden im nördlichen Niedersachsen ähnlich vorteilhaft beliefern zu können, hat der Großhändler aus Lübeck als Standort für ein Auslieferungslager die Stadt Stade gewählt.

In diesen Ausführungen werden einige grundsätzliche Entscheidungsfragen im Zusammenhang mit der Lieferung von Waren angedeutet. Es geht dabei um die Wahl der Transportmittel und der Transportwege. Daraus ergibt sich dann auch die Frage nach zentralem oder dezentralem Absatz und schließlich die Frage nach dem günstigsten Standort für Auslieferungslager.

Grundlagen für die Entscheidungen sind Überlegungen zur Minimierung der Kosten. Das sind in erster Linie die Transportkosten (Frachtkosten, Kosten der Be- und Entladung usw.), dann aber auch die Fehlmengenkosten, die durch verspätete Lieferung und/oder mangelhafte Lieferbereitschaft entstehen können. Die Überlegungen werden beeinflußt von der Länge der Transportwege, vom Umfang der Lieferung, von der Art der Waren, von der Ausstattung des Unternehmens mit Transportmitteln und deren Auslastung.

Schematische Darstellung des Durchlaufs einer Bestellung

Abteilung	Vorgänge	
Poststelle	Eingangsvermerk auf	Bestellung
Verkauf	Numerierung (interne Auftragsnummer) der →	Bestellung
	Eintragung der Bestellung und der Umsatzhöhe in →	Kundenkartei
	Feststellung der Menge, Eintragung der Bestellmenge, Ermittlung des neuen Bestandes auf →	Artikelkartei
	Erstellung (nach Vordruck) der →	Versandorder (Original für Auftragsmappe, 5 Kopien für Lager – Ablage, Packzettel, Versandmeldung –, für Expedition, für Produktion)
	Eintragung des Auftrags (Prov.) in →	Vertreterkartei
	Eintragung des Auftrags zur Terminüberwachung in →	Auftragskartei
	Ausfertigung (und Versand an Auftraggeber) der →	Bestellungsannahme
Expedition	Ausstellung der → (und evtl. Versandführer beauftragen, -kosten berechnen und vergleichen)	Versandpapiere
Lager	Kommissionierung gem. → (und evtl. Verpackung)	Versandorder
	Ausstellung der →	Packzettel
	Verbuchung des Warenausgangs, Berechnung des neuen Bestandes auf →	Lagerkartei
	Mitteilung der Versandbereitschaft an Verkauf, Rückgabe der →	Versandorder (Kopie)
Verkauf	Ausstellung und Versand an Kunden:	Versandanzeige
	Ausstellung der →	Rechnung (Original: Kunde, Kopien: Verkauf, Buchhaltung, Statistik, Vertreter
	Eintragung der Lieferung in →	Auftragskartei
Buchhaltung	Verbuchung der Forderung gem. →	Rechnung
Versand		

Abb. 35

5.4.6.3 Absatzhelfer

Unter besonderen Bedingungen muß der Unternehmer für den Versand die Unterstützung von Absatzhelfern in Anspruch nehmen. Das geschieht, wenn die eigenen Mittel für den Transport nicht ausreichen und wenn Art und Umfang der Güter oder die Transportwege besondere Transportformen erfordern. Als Absatzhelfer haben Spediteur und Frachtführer hier besondere Bedeutung.

Spediteur ist nach § 407 HGB ein Kaufmann, der es gewerbsmäßig übernimmt, im eigenen Namen, aber für Rechnung des Versenders Güterversendungen durch Frachtführer oder Verfrachter zu besorgen. Zwischen Versender und Spediteur entsteht ein Speditionsvertrag, zwischen Spediteur und Frachtführer ein Frachtvertrag. Nach § 412 HGB hat der Spediteur das Recht, die Beförderung der Waren selbst zu übernehmen. So ist der Spediteur häufig auch Frachtführer.

Frachtführer ist nach § 425 HGB ein Kaufmann, der die Beförderung von Gütern übernimmt.

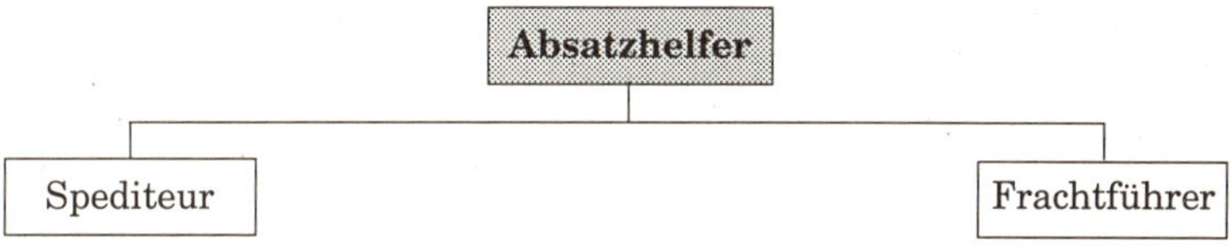

5.4.6.4 Kundendienst

Der Verkäufer einer Ware (Hersteller oder Händler) verpflichtet sich häufig gegenüber dem Abnehmer zu mehr oder weniger freiwilligen Diensten, zu sog. Kundendienstleistungen. Sie haben in erster Linie das Ziel, Kunden auf Dauer zu halten. Insofern sind sie auch Teil anderer Marketingaktivitäten. Aber sie kommen in der Regel erst bei Absatzdurchführung bzw. **nach dem Kauf** zur Anwendung. Diese Leistungen nach dem Kauf sind **Kundendienst im engeren Sinne**. Dazu gehören als technischer Kundendienst u.a. die Montage, der Änderungsdienst, Serviceleistungen, Reparaturdienste und Ersatzteilversorgung, als **kaufmännischer Kundendienst** u.a. Umtauschrechte, besondere Verpackung oder Personaleinarbeitung.

Vom Kundendienst nach Kauf ist der **Kundendienst vor dem Kauf** zu unterscheiden. Dazu zählen z.B. Beratung, Vorschläge für Problemlösungen (technischer Kundendienst), Lieferung zur Probe, Bestelldienst (kaufmännischer Kundendienst).

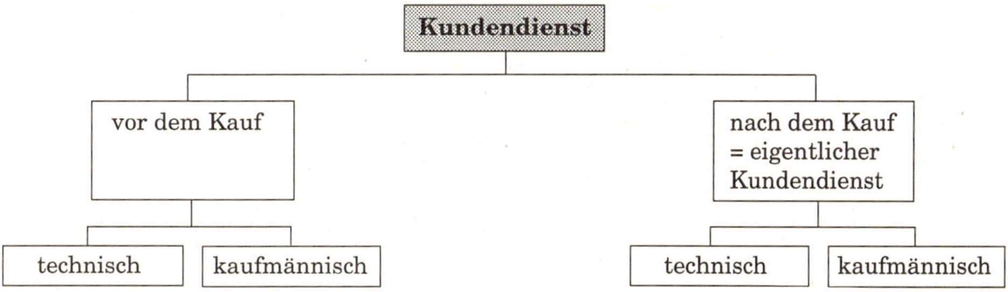

6. Marketingkontrolle

6.1 Allgemeine Kontrollgrößen

Der Verkaufsleiter der Ostholmer Mühlenwerke berichtet der Geschäftsleitung über den Erfolg des durchgeführten Marketing-Mix: Die Umsätze bei den verschiedenen Mehlsorten sind z.T. erheblich gestiegen, das neue Produkt Backmischungen wird vom Verbraucher gut angenommen. Der Umsatz könnte noch gesteigert werden mit einer Änderung einiger produkt- und kommunikationspolitischer Maßnahmen; so schlägt er u.a. vor, zusätzliche Backmischungen ins Programm zu nehmen und die Werbebotschaft in den Fernsehspots anders zu verschlüsseln.

Hier werden zwei Aspekte der Marketingkontrolle deutlich. Die Erfolgskontrolle des Marketing-Mix hat ständig zu erfolgen, damit Fehler korrigiert, die Marketingaktivitäten den Erfordernissen angepaßt und ergänzt werden können. Der Erfolg (oder Mißerfolg) von Marketingmaßnahmen ist anhand von Kontrollgrößen zu messen.

Wichtige Kontrollgrößen sind Umsatz, Marktanteil und Einstellungen. Verglichen werden die prognostizierten Werte der Kontrollgrößen mit den tatsächlichen (Soll-Ist-Vergleich).

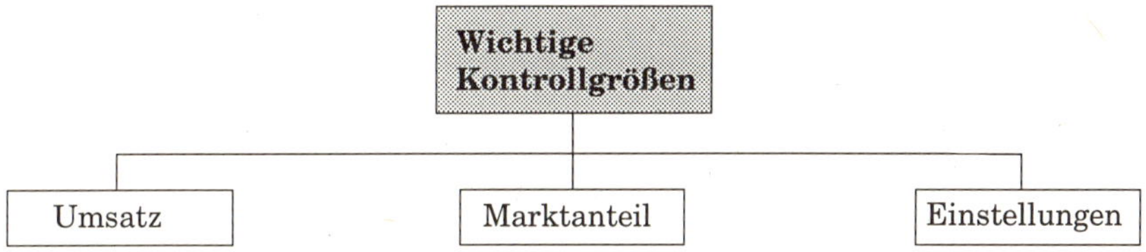

Zu beachten ist dabei allerdings, daß die Ist-Werte für bestimmte Produkte nicht nur von den für sie aufgewandten Marketingmaßnahmen abhängen, sondern auch von anderen Faktoren beeinflußt sein können. So könnte z.B. die Werbung der Konkurrenz für Backmischungen die allgemeine Nachfrage nach diesen Produkten angeregt haben, und in den Sog könnten dann auch die entsprechenden Produkte der Ostholmer Mühlenwerke geraten sein. So könnte die Werbung der Ostholmer Mühlenwerke für Backmischungen die Einstellung der Verbraucher zur Marke „Back-Gold“ positiv beeinflussen und die Nachfrage nach den Mehlsorten der gleichen Marke anregen.

Ähnliche Einschränkungen gelten auch für den Soll-Ist-Vergleich der Marktanteile. Veränderungen von Marktanteilen ergeben sich u.U. unabhängig von eigenen Marketingaktivitäten, z.B. dadurch, daß ein Mitbewerber ausscheidet.

6.2 Werbeerfolgskontrolle

Die Ostholmer Mühlenwerke benötigen als Grundlage für weitergehende Marketingmaßnahmen Informationen über den kausalen Zusammenhang zwischen den

Werbemaßnahmen für die Backmischungen und dem Absatz dieser Produkte. Sie führen deshalb Werbeerfolgskontrollen durch.

In einem bestimmten Verkaufsgebiet werden dazu Einzelhandelsgeschäfte repräsentativ ausgewählt. Bei diesen werden die Absätze vor und nach den Werbemaßnahmen miteinander verglichen (**Verkaufsgebietstest**).

Eine andere Möglichkeit zur Erlangung angemessener Informationen besteht darin, Käufer direkt nach ihren Motiven für den Kauf des Produkts zu fragen (**direkte Befragung**). Wenn Bestellungen mit Inseratencoupons oder besonderen Bestellscheinen bzw. -karten von den Verbrauchern aufgegeben werden, kann die Auswertung dieser Unterlagen die gewünschten Informationen liefern (direkte Beantwortung).

Mit diesen Methoden wird eher der **ökonomische Werbeerfolg** geprüft. Daneben besteht auch Interesse an einer **Prüfung des kommunikativen Werbeerfolgs**.

Geprüft wird, ob und in welcher Weise die Werbemaßnahmen die Einstellungen der umworbenen Personen gegenüber dem Produkt und der Marke geprägt oder geändert haben, ob die umworbenen Personen Produkt, Marke und Werbebotschaft zur Kenntnis genommen haben, ob sie interessiert sind, das Produkt kennenzulernen. Mittel zur Prüfung des kommunikativen Werbeerfolgs sind vor allem Messungen und Analysen der Gedächtniswirkung (vgl. dazu auch die Ausführungen über Marktforschung).

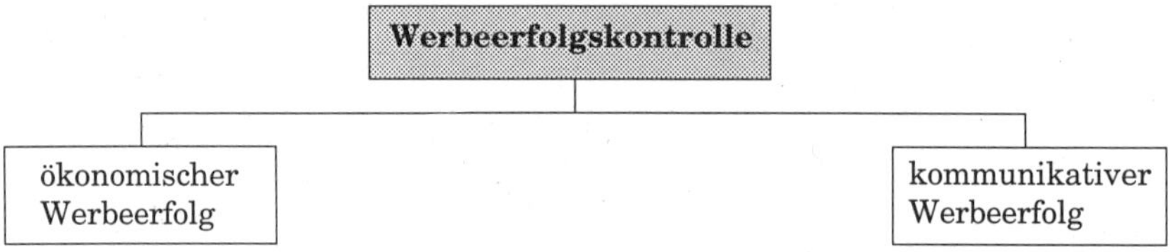

Wiederholungsfragen

1. Einführung

1. Erörtern Sie die im Einführungsbeispiel genannten absatzwirtschaftlichen Probleme der Ostholmer Mühlenwerke!

2. Unterscheiden Sie Verkäufer- und Käufermärkte! Welche Märkte herrschen heute bei uns vor? Begründen Sie Ihre Meinung!

3. Beschreiben Sie die Managementkonzeption „Marketing“!

4. Nennen und kennzeichnen Sie die Aspekte des Marketings!

5. Nennen und kennzeichnen Sie die Bereiche des Aktionsaspekts des Marketings!

1.2 Markt

6. a) Definieren Sie den Begriff Markt!
b) Beschreiben und erklären Sie den Regelfall des Nachfrageverlaufs!
c) Beschreiben und erklären Sie den Angebotsverlauf!

7. Wann ist der Markt im Gleichgewicht? Welche Bedeutung hat die Gleichgewichtssituation? Welche Bedeutung haben ungleichgewichtige Situationen?

8. Erklären Sie den paradoxen Fall der Nachfrage!

9. a) Definieren Sie den Begriff Kosten!
b) Unterscheiden Sie - auch mit Beispielen - fixe und variable Kosten!
c) Wie ergeben sich Stückkosten?
d) Definieren Sie den Begriff Grenzkosten!

10. Beschreiben Sie typische Gesamtkostenverläufe und dazu die Verläufe von Stückkosten und Grenzkosten!

11. Was wird durch die direkte Elastizität der Nachfrage in bezug auf den Preis ausgedrückt?

12. Was wird durch die Kreuzpreiselastizität ausgedrückt?

13. Erörtern Sie die Wirkungen von Preisänderungen auf Nachfragemengen und Ausgaben der Nachfrager bei
a) relativ elastischer Nachfrage,
b) relativ unelastischer Nachfrage,
c) vollkommen elastischer Nachfrage,
d) vollkommen unelastischer Nachfrage!

14. Nennen Sie Beispiele für Güter, die auf Preisänderungen relativ elastisch, relativ unelastisch und vollkommen unelastisch reagieren. Begründen Sie die Wahl der Beispiele!

15. Eine Preiserhöhung von 4,– DM auf 5,– DM führt zu einer Mengenänderung von 3 kg auf 1,5 kg. Ermitteln Sie die Elastizität und die Ausgaben eines Haushaltes für dieses Gut!

16. Bei einer Elastizität von – 0,2 wird der Preis für ein Gut von 10,– DM auf 12,– DM erhöht. Ermitteln Sie Änderungen von Menge und Ausgaben!

17. Nennen und erklären Sie die Voraussetzungen für den vollkommenen Markt!

18. Wann kann man von einem unvollkommenen Markt sprechen?

19. Beschreiben Sie die Marktformen Monopol, Oligopol und Polypol!

1.3 Rahmenbedingungen

20. Kennzeichnen Sie die Bedeutung der Sozialen Marktwirtschaft für die Absatzpolitik der Unternehmen! Gehen Sie dabei insbesondere auf die Bedeutung des Marktes ein!

21. Nennen Sie Vorschriften (Gesetze, Abmachungen, Verordnungen), die die absatzpolitischen Maßnahmen eines Unternehmens regulieren!

22. Nennen Sie Beispiele für unlauteren Wettbewerb!

2. Der Sozialaspekt des Marketing

23. Erklären Sie den Sozialaspekt des Marketings!

24. Nennen Sie gesellschaftliche Ziele und Werte, die Einflüsse auf Marketingmaßnahmen haben! Geben Sie dabei auch an, wie die Maßnahmen Veränderungen der Ziele aufgreifen!

25. Beschreiben Sie den „aktiven Verbraucher“! Geben Sie auch an, welche Informationen der Konsument benötigt!

26. Beschreiben Sie das Ziel der Verbraucherpolitik!

27. Nennen Sie die Aufgaben der Verbraucherzentralen und der Stiftung Warentest!

28. Erläutern Sie Aufgaben und Ziel der Verbraucherbildung!

29. Erläutern Sie die besondere Bedeutung des Verbraucherschutzes! Nennen Sie auch die schutzbedürftigen Bereiche!

30. Nennen Sie die Gesetze, die für den Verbraucherschutz Bedeutung haben! Geben Sie auch an, für welche Bereiche sie gelten!

3. Marketingorganisation

31. Erläutern Sie den Organisationsaspekt des Marketing!

32. Beschreiben Sie das in Abb. 1 dargestellte Organisationsschema!

33. Zeichnen Sie das Organisationsschema mit Gebietsorientierung des Verkaufs!

34. Zeichnen Sie das Organisationsschema bei Produktorientierung des Marketing!

35. Kennzeichnen Sie das Produktmanagersystem!

36. Erläutern Sie das Ziel der langfristigen Marketingplanung! Unterscheiden Sie lang- und kurzfristige Pläne!

4.1 Bereiche der Marketingforschung

37. Nennen Sie Bereiche der Marketingforschung!

38. Warum treibt ein Unternehmen Marktforschung?

39. Unterscheiden Sie die demoskopische von der ökoskopischen Marktforschung!

40. Die Marktforschung untersucht objektive und subjektive Merkmale. Nennen und erläutern Sie Beispiele für diese Merkmale!

41. Nennen und erläutern Sie die Bereiche der Konkurrenzforschung!

4.2 Methoden der Marketingforschung

42. Kennzeichnen Sie Begriff und Vorgang der Sekundärforschung!

43. a) Nennen Sie Materialien der Sekundärforschung und unterscheiden Sie dabei interne und externe Quellen!
b) Welche Informationen für absatzpolitische Probleme lassen sich aus sekundärem Material gewinnen?

44. Im Beispiel 4.2.1 besitzt ein Unternehmen Informationen, die es als Grundlage für Marketingaktivitäten nutzen will. Aus welchen sekundären Quellen können diese Informationen stammen?

45. Nennen Sie Vorteile und Nachteile der Sekundärforschung!

46. Kennzeichnen Sie Begriff und Vorgang der Primärforschung!

47. Nennen Sie Vorteile und Nachteile der Primärforschung!

48. Nennen Sie die Methoden der Primärforschung!

49. Kennzeichnen Sie die Fragekomplexe, die Gegenstand einer Befragung sein können!

50. Welche Formen der Befragung kennen Sie?

51. Erörtern Sie besondere Probleme von Befragungen!

52. Erörtern Sie die Bedeutung der Befragung als Quelle von Informationen über Käuferverhalten!

53. Was versteht man unter einer Beobachtung als Quelle von Informationen über das Käuferverhalten?

54. Erörtern Sie Vorteile und Nachteile der Beobachtung!

55. Befragungen und Beobachtungen lassen sich auch in Form von Experimenten durchführen.
a) Was versteht man hier unter einem Experiment?
b) Unterscheiden Sie Labor- und Feldexperiment!
c) Erklären Sie: Projektionen, Assoziationen, Polaritätsprofil, Markttest!

56. Erklären Sie den Begriff „Stichprobe" und die Bedeutung der Stichprobe für die Informationsgewinnung!

57. Erklären Sie folgende Verfahren für die Ermittlung einer Stichprobe!
a) Reine Zufallsauswahl,
b) Geschichtete Zufallsauswahl,
c) Klumpenauswahl,
d) Quotenverfahren

58. a) Was ist ein Panel? Erklären Sie die Bedeutung des Panelverfahrens für die Informationsgewinnung!
b) Erörtern Sie „Panelsterblichkeit" und „Overreporting" als besondere Probleme des Panelverfahrens!

59. Nennen Sie Beispiele für bekannte Panels!

4.3 Käuferverhalten

60. Erläutern Sie folgende Typen von Käuferverhalten!
a) rationales,
b) gewohnheitsmäßiges,
c) impulsives und
d) sozial abhängiges Käuferverhalten

61. Typen von Käuferverhalten lassen sich genauer bestimmen, wenn nicht nur auf ein Merkmal abgestellt wird. Bestimmen Sie solche Typen, ziehen Sie dazu mehrere Merkmale heran! Erklären Sie die gebildeten Typen anhand von Entscheidungen für den Kauf bestimmter Güter!

62. Man unterscheidet ökonomische, psychologische und soziologische Ansätze zur Erklärung von Kaufentscheidungen. Erklären Sie diese Ansätze!

63. Beschreiben Sie die Wirkungsweise der Einflußfaktoren in einer konkreten Kaufsituation!

4.4 Aufgaben der Marketingforschung

64. Nennen Sie die Aufgaben der Marketingforschung!

65. Was versteht man unter einer Absatzprognose? Welche Informationen soll die Absatzprognose liefern?

66. Produkte haben einen Lebenszyklus. Nennen Sie dessen Phasen und beschreiben Sie diese anhand der Kriterien Umsatz und Gewinn!

67. Nennen Sie Beispiele für Produkte in bestimmten Phasen des Lebenszyklusses! Begründen Sie die Wahl der Beispiele!

68. Nehmen Sie kritisch Stellung zur Aussagefähigkeit des Modells des Produktlebenszyklusses!

69. Was ist „Marktsegmentierung"? Welche Ziele verfolgt die Segmentierung des Marktes? Erläutern Sie Ihre Ausführungen anhand von Beispielen!

70. Welche Anforderungen sind an Segmentierungskriterien zu stellen?

71. Nennen Sie Kriterien, nach denen Käufer bestimmten Segmenten zugewiesen werden können!

72. Nennen Sie für einige Beispiele von Produkten die möglichen Segmente!

73. Erklären Sie Begriff und Vorgang der undifferenzierten Marktbearbeitung!

74. Erläutern Sie Begriff und Vorgang der konzentrierten Marktbearbeitung!

75. Die differenzierte Marketingstrategie gilt als eigentliches Marketing. Erläutern Sie diese Aussage! Nennen Sie auch die Mittel!

5.1 Kontrahierungspolitik

76. Nennen Sie die Mittel der Kontrahierungspolitik!

77. Definieren Sie den Begriff „Preispolitik"!

78. Nennen und erklären Sie die Einflußgrößen der Preispolitik!

79. Erklären Sie die Preispolitik im Polypol
a) bei atomistischer Konkurrenz,
b) bei polypolistischer Konkurrenz!
Benutzen Sie bei ihren Ausführungen die Begriffe Mengenanpassung, preispolitischer Spielraum, geknickte Nachfragekurve!

80. Erklären Sie die Preissetzung des Monopolisten!

81. Ein Unternehmen will den Preis für sein Produkt anheben, um den Umasatz zu erhöhen. Wie muß die direkte Preiselastizität beschaffen sein, damit das angestrebte Ziel erreicht wird?

82. Bei welcher direkten Preiselastizität der Nachfrage ist dem Unternehmen, das den Umsatz erhöhen will, eine Preissenkung zu empfehlen?

83. Erläutern Sie die verschiedenen Aspekte des Preisverhaltens im Oligopol! Begründen Sie dabei auch die häufig anzutreffende Starrheit der Preise im Oligopol!

84. Erklären Sie Preisdifferenzierung allgemein, und erörtern Sie die Voraussetzung für ihre erfolgreiche Anwendung!

85. Erläutern Sie die horizontale Preisdifferenzierung!

86. Erläutern Sie die vertikale Preisdifferenzierung!

87. Erläutern Sie die absatzpolitischen Ziele, die durch die Anwendung der folgenden Preise erreicht werden sollen!
a) Abschöpfungspreise,
b) Penetrationspreis,
c) Prämienpreis,
d) Promotionspreis,
e) Psychologischer Preis,
f) Preisempfehlung,
g) Sonderangebotspreis

88. Erläutern Sie die Rabattpolitik als Mittel des Marketing! Gehen Sie dabei auf die Marketingziele ein, die durch die Rabattpolitik erreicht werden sollen!

89. Was versteht man unter dem Funktionsrabatt?

90. Nennen Sie Rabattarten! Geben Sie dazu jeweils an, welche Funktionen mit ihnen entgolten werden!

91. Häufig werden mehrere Rabattarten gleichzeitig gewährt. Wie hoch ist der Gesamtrabatt (in Prozent), wenn ein Funktionsrabatt von 30 %, ein Mengenrabatt von 10 %, ein Saisonrabatt von 5 % und ein Präsentationsrabatt von 2 % gewährt werden?

92. Wann kann ein Rabattsystem als optimal bezeichnet werden?

93. Nennen Sie Lieferungs- und Zahlungsbedingungen!

94. Erklären Sie, warum auch Lieferungs- und Zahlungsbedingungen Mittel der Absatzpolitik sind!

5.2 Produkt- und Sortimentspolitik

95. Was ist unter Produkt- und Sortimentspolitik zu verstehen? Nennen Sie die Ziele dieser Politik!

96. Erklären Sie Begriff und Vorgang der Diversifikation! Gehen Sie dabei auch auf die horizontale, die vertikale und die laterale Diversifikation ein!

97. Erörtern Sie die Bedeutung der Produktinnovation als Mittel der Produktpolitik!

98. Was ist unter Produkteliminierung zu verstehen? Wann findet sie statt?

99. Definieren Sie „Produktinnovation“! Geben Sie auch an, welche Produkteigenschaften verändert werden können!

100. Unterscheiden Sie Produktdifferenzierung und Produktverbesserung auch hinsichtlich der damit angestrebten Marketingziele!

101. Unterscheiden Sie Sortiment und Produktprogramm!

102. Nennen Sie die Elemente zur Beschreibung eines Sortiments!

103. Erklären Sie Sortimentsbreite und -tiefe!

104. Nennen und erklären Sie Orientierungsprinzipien für die Sortimentsgestaltung!

105. Erläutern Sie die Verpackungspolitik als Teil der Produktpolitik! Gehen Sie bei ihren Ausführungen auch auf die Einflußfaktoren für die Verpackungspolitik ein!

106. Nennen und erklären Sie die Funktionen der Verpackung!

107. Erklären Sie die Bedeutung des „Grünen Punkts“!

108. a) Was ist Markenpolitik? Welche Ziele verfolgt sie?

b) Definieren Sie den Begriff „Marke“! Unterscheiden Sie dabei Hersteller- und Handelsmarken! Nennen Sie Beispiele für bekannte Marken, geben Sie an, wie sie in Erscheinung treten (Name, Zeichen, Design)!

109. Erörtern Sie Gründe, die ein Unternehmen veranlassen können,
a) ein neues Produkt mit einer Marke zu versehen, die es von den anderen Produkten des Sortiments unterscheidet,

b) ein neues Produkt mit der Marke zu versehen, die auch die anderen Produkte des Sortiments kennzeichnet!

110. Unterscheiden Sie Marken- und Gütezeichen! Nennen Sie Gütezeichen!

111. Bestimmte produktpolitische Maßnahmen stehen in Zusammenhang mit dem Lebenszyklus des Produkts. Erörtern Sie den Zusammenhang!

5.3 Kommunikationspolitik

112. Definieren Sie den Begriff „Kommunikationspolitik“! Nennen Sie auch ihre Ziele!

113. Beschreiben Sie das Schema direkter Kommunikation!

114. Beschreiben Sie das AIDA-Schema! Beurteilen Sie dieses Schema!

115. Beschreiben Sie den Prozeß, den die erfolgreiche Werbung beim Empfänger der Werbebotschaft durchläuft!

116. Was versteht man unter Werbestrategie?

117. Nennen und erkären Sie allgemeine Werbeziele! Nennen Sie Beispiele für spezielle Werbeziele!

118. Definieren Sie den Begriff „Zielgruppen“! Nennen Sie Beispiele Ihnen bekannter Werbemaßnahmen und dazu die Zielgruppen!

119. Welcher Zusammenhang besteht zwischen Zielgruppe und Verschlüsselung der Werbebotschaft?

120. Analysieren Sie für einige bekannte Werbemaßnahmen die Verschlüsselung der Werbebotschaft!

121. Nennen Sie Werbemittel!

122. Erörtern Sie Kriterien für die Wahl bestimmter Werbemittel!

123. Unterscheiden Sie Werbemittel und -träger!

124. Erörtern Sie das Kriterium Reichweite in seiner Bedeutung für die Auswahl von Werbeträgern!

125. Erörtern Sie Ansätze zur Bestimmung der Höhe des Werbeetats! Nehmen Sie Stellung zu der Behauptung, der größte Werbeetat sei auch der beste!

126. Was ist „Streuplanung"? Erklären Sie die Aspekte der Streuplanung!

127. Erläutern Sie die besondere Bedeutung des persönlichen Verkaufs! Erörtern Sie die Bedingungen, von denen der Erfolg des persönlichen Verkaufs abhängt!

128. Was ist unter Verkaufsförderung zu verstehen?

129. Nennen und erklären Sie Maßnahmen der Verkaufsförderung (unterscheiden Sie diese Maßnahmen nach den betroffenen Zielgruppen)!

130. Was ist unter „Public Relations" zu verstehen?

131. Nennen und erklären Sie Maßnahmen der Öffentlichkeitsarbeit!

5.4 Distributionspolitik

132. Erklären Sie die Bedeutung der Distribution von Produkten! Gehen Sie dabei auch auf die Aufgaben und Ziele der Distributionspolitik ein!

133. Was ist unter dem Distributionsgrad von Produkten zu verstehen?

134. Nennen und erläutern Sie Gründe für die Benutzung indirekter Absatzwege!

135. Nennen und erläutern Sie Gründe für die Benutzung direkter Absatzwege!

136. Nennen und erklären Sie die Funktionen des Handels bei Absatzmittlung!

137. Unterscheiden Sie intensive und exklusive Distribution!

138. Erklären Sie Begriff und Methoden der Akquisition von Absatzmittlern!

139. Wann muß ein Hersteller Selektion von Absatzmittlern betreiben? Nach welchen Kriterien geht er dabei vor?

140. Unterscheiden Sie Reisende und Handelsvertreter hinsichtlich ihrer Rechtsstellung gegenüber dem Unternehmen und nach ihren Tätigkeiten!

141. Ein Unternehmen steht vor der Frage, ob es einen Reisenden oder einen Handelsvertreter in einem bestimmten Absatzgebiet, in dem beide den gleichen Umsatz erzielen können, einsetzen soll. Wann wird sich das Unternehmen für den Reisenden, wann für den Vertreter entscheiden? Legen Sie Ihren Überlegungen folgende Zahlen zugrunde: Der Reisende erhält ein Gehalt von mtl.4.000,- DM und eine Umsatzprovision von 2 1/2 %, der Vertreter erhält ein Fixum von 750,-

DM und eine Umsatzprovision von 22,5 %. Ergänzen Sie Ihre Ausführungen durch eine Zeichnung, die die Zusammenhänge verdeutlichen kann!

142. Ermitteln Sie den kritischen Umsatz: Reisender erhält ein Gehalt von 4.250,- DM, Handelsvertreter erhält eine Provision von 25 %!

143. In einem Absatzgebiet kann der Reisende 12.000 Stück absetzen, der Vertreter nur 8.000 Stück; der Preis beträgt 2,- DM/Stück, die Stückkosten betragen 1,20 DM. Der Reisende erhält ein Gehalt von 3.000,- DM und eine Provision von 5 %, der Vertreter erhält eine Provision von 20 %. Führen Sie einen Kostenvergleich durch! Welcher Außendienstmitarbeiter ist einzusetzen, Reisender oder Vertreter?

144. Nennen und erläutern Sie Faktoren, die neben den Kosten die Entscheidung für einen Reisenden oder einen Vertreter beeinflussen!

145. Beschreiben Sie eine Auftragsabwicklung!

146. Erörtern Sie einige Probleme im Zusammenhang mit der Zustellung der Waren!

147. Erörtern Sie die besondere Bedeutung von Franchisesystemen für den Warenvertrieb!

148. Nennen Sie einige Rechte und Pflichten aus Franchiseverträgen!

149. Nennen Sie Beispiele für Franchisesysteme!

150. Erklären Sie den Begriff und die Entstehungsursachen von Fehlmengenkosten!

151. Erörtern Sie die Gründe, die eine Unternehmung für die Einrichtung eines (dezentralen) Auslieferungslagers haben könnte!

152. Erklären Sie die besondere Bedeutung von Spediteur und Frachtführer!

153. Erläutern Sie Arten von Kundendienstleistungen
a) nach dem Kauf,
b) vor dem Kauf!

154. Nennen Sie Ziele, die ein Unternehmen mit seiner Kundendienstpolitik anstrebt!

6.1 Allgemeine Kontrollgrößen

155. Nennen und erklären Sie Kontrollgrößen für die Marketingkontrolle!

156. Erörtern Sie Probleme, die bei Anwendung dieser Kontrollgrößen (vgl. Aufgabe 155) auftreten können!

6.2 Werbeerfolgskontrolle

157. Was versteht man unter einer Werbeerfolgskontrolle?

158. Nennen Sie Methoden der Werbeerfolgskontrolle!

159. Was ist ein kommunikativer Werbeerfolg? Wie wird er gemessen?

Die folgenden Aufgaben sind zusammenfassende Übungen an Fallbeispielen zur weiteren Vertiefung des Lernstoffees und zur Vorbereitung auf Klausuren und mündliche Prüfungen. Sie greifen die Beispiele im Text auf, ergänzen sie oder bieten die Lösungen der lediglich angerissenen Probleme. In der Regel sind die Aufgaben verallgemeinerungsfähig, d.h. der Leser kann die Sachverhalte auf andere Unternehmen übertragen, eigene Erfahrungen und Kenntnisse in Erörterungen einbeziehen und angemessen ergänzen. Sie können so auch zu unterrichtlicher Diskussion oder zu Kurzreferaten genutzt werden.

160. Zeichnen Sie für die Ostholmer Mühlenwerke in ein Liniendiagramm den organisatorischen Aufbau mit den relevanten Abteilungen unter Einbeziehung des Marketing in die obere Führungsebene. Der Verkauf ist auf folgende Abnehmergruppen ausgerichtet: SB-Märkte, Kooperationssysteme, Lebensmittelabteilungen von Kaufhäusern, kleine Abnehmer, Brotfabriken.
Erklären Sie die Darstellung!
Es wird in Erwägung gezogen, der Abteilung Marketing eine Stabsstelle "Produktmanager Backmischungen" zuzuordnen. Was halten Sie von dieser Stabsstelle? Begründen Sie Ihre Meinung!

161. Der Marketingleiter der Ostholmer Mühlenwerke nutzt zu seiner Information in großem Umfang sekundäres Material, das z.T. aus eigenen, z.T. aus fremden Quellen stammt. Welche Informationen werden benötigt?
Nennen Sie die Quellen, aus denen sie stammen!

162. Mit ihrem Sortiment sprechen die Ostholmer Mühlenwerke verschiedene Segmente an. Nennen Sie solche Segmente!

163. Die Ostholmer Mühlenwerke nehmen ein grobes Mehl in ihre Sortiment auf. - Die Verpackungen ihrer Produkte werden sie u.a. auch mit dem Zeichen "Grüner Punkt" versehen. Mit diesen Maßnahmen berücksichtigen sie den Sozialaspekt des Marketing.
Diskutieren Sie die Bedeutung dieser Maßnahmen!

164. Die Ostholmer Mühlenwerke wollen für die Mehlsorte Typ 405 neue Absatzwege erschließen. Allerdings wollen sie auch den bisher genutzten Absatzweg "klassischer" Einzelhandel, nicht vernachlässigen. Sie haben u.a. Verhandlungen mit einem SB-Markt, der in fast allen Städten Norddeutschlands Märkte unterhält, und einem bundesweit expandierenden Lebensmitteldiscounter aufgenommen. Erläutern Sie die Marketingmaßnahmen, die die Mühlenwerke ergreifen müssen!

165. Den Ostholmer Mühlenwerken liegen eindeutige Informationen darüber vor, daß die Nachfrage nach grobem Mehl auf Grund veränderter Verbrauchsgewohnheiten erheblich zunimmt. Sie nehmen deshalb grobes Mehl in ihr Sortiment auf. Das Mehl wird über den Einzelhandel zu einem sog. Penetrationspreis eingeführt. Für das Produkt soll mit geeigneten Werbemitteln und -trägern geworben werden.
Erklären Sie die Bedeutung der genannten Preispolitik! Halten Sie sie für sinnvoll?
Wählen Sie Werbemittel und -träger aus, die nach Ihrer Meinug für die Werbung in Frage kommen!

166. Marktforschungen ergeben, daß für Backmischungen mit steigender Nachfrage zu rechnen ist. Die Ostholmer Mühlenwerke wollen deshalb einige Backmischungen in ihr Sortiment aufnehmen. Das neue Produkt soll unter der gängigen, auch für die anderen Sortimentsteile genutzten Marke "Back-Gold" auf den Markt kommen. Für das Produkt soll mit Fernsehspots geworben werden. Halten Sie es für richtig, daß für das neue Produkt die eingeführte Marke genutzt wird?
Ist TV-Werbung sinnvoll; müßten andere Werbemittel bzw. -träger hinzukommen?
Schlagen Sie verkaufsfördernde Maßnahmen vor, die bei Einführung des neuen Produkts genutzt werden könnten!

167. Die Ostholmer Mühlenwerke haben seit ihrer Gründung in ihrem Sortiment eine Grießsorte, die früher viel zur Herstellung von Kinderbrei gekauft wurde. Inzwischen gehen Marktanteil und Umsatz erheblich zurück. Man erwägt deshalb, das Produkt zu eliminieren.
Welche Gründe können zu der aufgezeigten Entwicklung geführt haben?
Erörtern Sie Gründe für die Produkteliminierung!

168. Die Kunden im nördlichen Niedersachsen beliefern die Ostholmer Mühlenwerke von ihrem Auslieferungslager in Stade aus. Dazu werden die Leistungen eines Transportunternehmens aus Stade in Anspruch genommen, der im Monat April 6.500,– DM für rd. 5.000 gefahrene km in Rechnung stellt /1,10 DM je km + Festbetrag von 1.000,– DM im Monat). - Man erwägt daraufhin in der Ostholmer Zentrale, das Lager Stade mit einem eigenen Transporter für die Lieferungen auszustatten. Dabei würden die folgenden Kosten anfallen: Abschreibung jährlich: 3.600,– DM, Lohnkosten für den Fahrer mtl.: 2.400,– DM, Treibstoff- u.ä. laufende Kosten je km: 0,20 DM.
(Nutzen Sie für die folgenden Rechnungen die Ausführungen zur Kostenvergleichsrechnung Reisender - Vertreter!).
Wäre der Transport im April mit eigenem Lkw günstiger gewesen?
Ermitteln Sie die Kilometerzahl (kritischer Wert), bei der die Kosten der beiden Transportmöglichkeiten gleich sind!

169. Auf Grund vermehrter Direktbestellungen und häufiger Anfragen aus dem Handel vermuten die Ostholmer Mühlenwerke mit einiger Sicherheit Absatzchancen für ihr Sortiment in Süd-West-Deutschland.
Begründen Sie die Entscheidung der Marketingleitung, zur Marktbearbeitung zunächst Handelsvertreter statt Handelsreisende einzusetzen!

Lösungen

1. Der Leser soll die im Einführungsbeispiel genannten Begriffe und Vorgänge, die mit Absatzwirtschaft zu tun haben, unterstreichen, seine bisherigen Informationen zu beiden Begriffen und Vorgängen wiedergeben, Zusammenhänge aufzeigen.

2. Verkäufermärkte: Keine oder geringe Marktwiderstände, Distribution der Waren, keine besonderen Bemühungen um Käufer.
Käufermärkte: Enger Markt, große Zahl von Mitbewerbern, Nachfrager stellen hohe Anforderungen an Produkte, erhebliche Marktwiderstände, Käufer müssen umworben werden.
Käufermärkte herrschen vor, Bemühungen der Unternehmen um Käufer durch entsprechende Marketingaktivitäten sind erkennbar.

3. Marketing ist eine Managementkonzeption, deren Ziel es ist, Nachfrageverhalten systematisch zu beeinflussen. Marketing beginnt, bevor die Produktion beginnt.

4. Informationsaspekt (Marktforschung, Analysen, Prognosen usw.), Aktionsaspekt (Entscheidungen im Zusammenhang mit dem Einsatz der Marketinginstrumente), Organisationsaspekt (Institutionalisierung des Marketing in der Unternehmensorganisation), Sozialspekt (Orientierung des Marketing an gesellschaftlichen Zielen).

5. Aktionsbereiche: Kontrahierung, Kommunikation, Produkt/Sortiment, Distribution.

6. a) Markt ist das Zusammentreffen von Angebot und Nachfrage (für ein Gut), die Darstellung erfolgt in einem Koordinatenkreuz, die Waagerechte gibt die Menge, die Senkrechte den Preis an.

   b) Die Nachfragekurve ist die Darstellung der Nachfragefunktion; im Koordinatenkreuz fällt sie von links oben nach rechts unten, d.h. bei sinkendem Preis nimmt die nachgefragte Menge zu.

   c) Die Angebotskurve ist die Darstellung der Angebotsfunktion; im Koordinatenkreuz steigt sie von links unten nach rechts oben, mit steigendem Preis nimmt die Angebotsmenge zu. Bisher bereits anbietende Unternehmer bieten mehr an, neue Anbieter kommen auf den Markt.

7. Der Markt ist im Gleichgewicht, wenn Pläne von Nachfragern und Anbietern in Übereinstimmung sind, d.h. es ergibt sich ein Preis, bei dem die Anbieter die Menge anbieten, die die Nachfrager kaufen wollen. Ungleichgewichtige Situationen sind Angebots- und Nachfragemengenüberschüsse; bei einem hohen Preis wollen die Anbieter mehr produzieren als die Nachfrager kaufen wollen, bei einem niedrigen Preis können die Anbieter nicht die Menge anbieten, die die Nachfrage kaufen würden.

8. Der paradoxe Fall der Nachfrage besagt, daß trotz steigenden Preises die nachgefragte Menge zunimmt, das kann z.B. bei Spekulationskäufen möglich sein.

9. a) Kosten sind der Verzehr von Gütern und Dienstleistungen im Produktionsprozeß bewertet in DM.

b) Fixe Kosten sind Kosten der Betriebsbereitschaft, sie fallen an, auch wenn nicht produziert wird, z.B. Abschreibungen,
Variable Kosten sind in ihrer Höhe abhängig von der Ausbringungsmenge, z.B. Materialkosten.

c) Stückkosten sind Durchschnittskosten, sie ergeben sich, wenn die Gesamtkosten durch die Produktionsmenge dividiert werden.

d) Grenzkosten sind die zusätzlichen Kosten, die dadurch entstehen, daß die produzierte Menge um eine Einheit ausgedehnt wird.

10. - fixer Gesamtkostenverlauf,
Stückkosten fallen, Grenzkosten = 0
- proportionaler Gesamtkostenverlauf,
Stückkosten sind konstant, Grenzkosten = Stückkosten,
- überproportionaler Gesamtkostenverlauf,
Stückkosten und Grenzkosten steigen, Grenzkosten stärker als die Stückkosten,
- unterproportionaler Gesamtkostenverlauf,
Stückkosten und Grenzkosten fallen, Grenzkosten stärker als die Stückkosten,
- s-förmiger Gesamtkostenverlauf,
Stückkosten und Grenzkosten fallen zunächst und steigen dann.

11. Die direkte Elastizität der Nachfrage gibt an, wie die mengenmäßige Nachfrage nach einem Gut sich ändert, wenn sich der Preis dieses Gutes ändert. Die Fragestellung könnte lauten: Um wieviel Prozent ändert sich die Nachfragemenge, wenn sich der Preis um 1 % ändert?

12. Die Kreuzpreiselastizität gibt an, wie die mengenmäßige Nachfrage nach einem Gut (z.B. nach einem Substitut) sich ändert, wenn sich der Preis eines anderen Gutes ändert.

13. a) Bei einer Preiserhöhung um 1 % geht die nachgefragte Menge um mehr als 1 % zurück; die Ausgaben sinken. Bei einer Preissenkung um 1 % steigt die nachgefragte Menge um mehr als 1%; die Ausgaben steigen.

b) Bei einer Preiserhöhung um 1 % geht die nachgefragte Menge um weniger als 1 % zurück, die Ausgaben steigen. Bei einer Preissenkung um 1 % nimmt die nachgefragte Menge um weniger als 1 % zu, die Ausgaben sinken.

c) Bei einer Preisänderung verschwindet die Nachfrage.

d) Bei einer Preiserhöhung ändert sich die Nachfragemenge nicht, die Ausgaben steigen. Bei einer Preissenkung ändert sich die Nachfragemenge ebenfalls nicht, die Ausgaben sinken.

14. Güter, die auf Preisänderungen relativ elastisch reagieren, sind i.d.R. leicht zu substituieren bzw. die Verbraucher verzichten bei Preiserhöhungen auf sie, steigt z.B. der Preis für eine Gemüsesorte, kann der Verbraucher sie relativ leicht durch eine andere substituieren.
Relativ unelastisch reagiert die Nachfrage auf Preisänderunge bei Gütern, auf die der Verbraucher angewiesen ist, die er nicht leicht substitutieren kann, das gilt z.B. für Zigaretten.

15. Elastizität = - 2, die Ausgaben gehen zurück von 12 auf 7,5.

16. Mengenrückgang um 4 %, Ausgabenerhöhung um 15,2 %.

17. - Freier Marktzugang für Anbieter und Nachfrager,
- Transparenz, der Markt ist überschaubar für Anbieter und Nachfrager,
- Keine Präferenzen, d.h. z.B. Verbraucher ziehen keine Produkte, Unternehmen aus anderen als ökonomischen Gründen vor,
- Das Angebot paßt sich Nachfrageänderungen schnell an, Anbieter und Nachfrager handeln nach dem ökonomischen Prinzip.

18. Wenn eine der unter 17. genannten Voraussetzungen nicht erfüllt ist, wenn z.B. der Verbraucher keine Markttransparenz besitzt, besteht bereits ein unvollkommener Markt.

19. Monopol: ein Anbieter,
Oligopol: relativ wenige, relativ starke Anbieter,
Polypol: viele Anbieter.

20. In der Sozialen Marktwirtschaft sind die Unternehmen grundsätzlich frei in der Ausgestaltung ihrer Politik, d.h. auch ihrer Marketingpolitik. Der freie Markt gibt ihnen Informationen und sanktioniert sie, entweder positiv oder negativ, z.B. durch Gewinne oder Verluste; er lenkt dadurch u.a. Marketingaktivitäten der Unternehmen.

21. Steuergesetze, Wettbewerbsrecht, Tarifvorschriften, Verpackungsverordnung usw.

22. Beispiele: Verstöße gegen gute Sitten, irreführende Werbung, bestimmte Werbe- und Verkaufsaktionen...

23. Sozialaspekt: Marketing (Marketingaktionen) wird von gesellschaftlichen Zielen, Werthaltungen und deren Veränderungen beeinflußt bzw. bestimmt.

24. Umweltbewußtsein, Gesundheitsbewußtsein, relativ hoher Bildungs- und Informationsstand, Emanzipation...
Hinweise auf Umweltverträglichkeit auf Produktabpackungen, in der Werbung, Gestaltung der TV-Werbespots, Einbeziehung von Testergebnissen in Werbung u.ä.

25. Aktiver Verbraucher: Gut informierter Konsument mit Qualitätsbewußtsein, Bereitschaft zur Information usw.; geringe Informationsdefizite gegenüber Anbietern; erforderliche Informationen: Preise, Qualitäten usw.

26. Ziel der Verbraucherpolitik: Information und Beratung des Verbrauchers, damit er seine Aufgabe als Nachfrager in der Wettbewerbsordnung der BRD wahrnehmen kann; Gegengewicht gegen bestimmte Wirkungen der Kommunikationspolitik der Unternehmen.

27. Verbraucherzentralen: Einrichtung von Beratungsstellen, Information und Beratung über Waren und Leistungen, zur Haushaltsführung, bei Rechtsstreitigkeiten.
Stiftung Warentest: Prüfung und Bewertung der Merkmale vergleichbarer Waren, Veröffentlichung der Ergebnisse.

28. Verbraucherbildung: Vermittlung grundlegender Kenntnisse..., Erziehung zum aktiven Verbraucher.

29. Verbraucherschutz: Gesetzliche und außergesetzliche Regelungen, da Informationen und Beratungen allein (noch) nicht ausreichen; Unternehmen nutzen Informationslücken u.U. aus. Gesundheitsgefährdung, Wucher, Täuschung, manipulative Werbung...

30. UWG: Schutz vor unlauteren Praktiken (irreführende Werbung, sittenwidrige Wettbewerbshandlungen...)
GWB: Schutz vor Ausnutzung von Marktmacht, vor Absprachen...
AGB: Schutz vor Mißbrauch durch Vertragspartner...
Vereinbarungen zum freiwilligen Verzicht auf bestimmte Produktwerbung (z.B. Zigarettenwerbung in TV) usw.
VerpackVO=: Produktverantwortung, Rücknahme und Verwertung von Verpakkungen

31. Organisationsaspekt: Institutionalisierung des Marktes in Untern.-Organisation, Festlegung von Weisungsbefugnissen, Einflußmöglichkeiten...

32. Stab-Linien-System mit Differenzierung des Verkaufs nach Abnehmergruppen...

33.

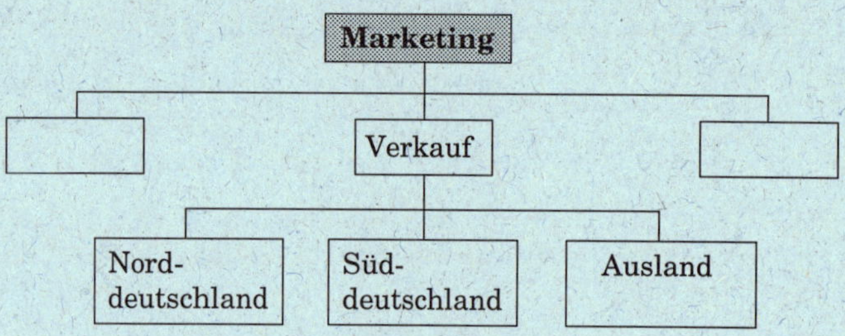

34.

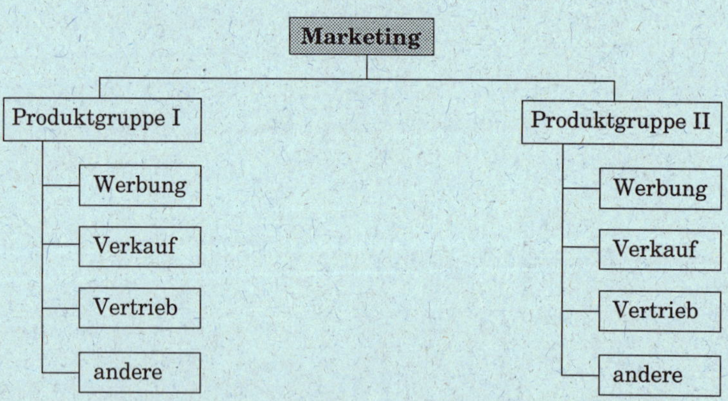

35. Produktmanager kann für seinen Produktbereich auch weitgehend Einfluß nehmen auf Produktion, Planung usw.

36. Festlegung der Ziele; Präzisierung der Ziele (unter Berücksichtigung von Daten); Erarbeitung des Marketing-Mix; Test/Rückmeldung usw.
Langfristige Festlegung der Ziele...,
kurzfristige Planung: Festlegung von Zwischenzielen...

37. Marktforschung, Konkurrenzanalyse...

38. Unternehmen benötigen Informationen über Märkte, sie müssen Reaktionen der Nachfrager auf bestimmte Marketingaktivitäten abschätzen können. Sie benötigen Informationen zur Segmentierung der Gesamtnachfrage ...

39. Demoskopische Marktforschung: Informationen über Käufer ...
Ökoskopische Marktforschung: Informationen über objektive Marktgrößen ...

40. Objektive Merkmale sind objektiv wahrnehmbar, z.B. können Kaufhandlungen beobachtet werden, Alter, Familienstand können objektiv angegeben werden. Subjektive Merkmale sind innere, d.h. psychische Merkmale, z.B. das Wissen (z.B. um die Existenz einer Marke), Wahrnehmungen (z.B. einer Werbebotschaft), Werthaltungen...

41. Anzahl, Größe, Leistungsfähigkeit, Standorte, Sortimente von Mitbewerbern, Schwerpunkte von Produkten und Produktgruppen der Konkurrenz, Marktanteile, Absatzgebiete, absatzpolitisches Instrumentarium der Konkurrenz.

42. Sekundärforschung: Vorhandenes Material wird „sekundär" genutzt für Fragestellungen in der Markt- oder Konkurrenzforschung. Das Material ist in anderen Bereichen bzw. für andere Fragestellungen entstanden.

43. a) Internes Material: Vertreterberichte, Kundenmitteilungen, Zahlen des Rechnungswesens ...
Externes Material: Veröffentlichungen von Behörden, Kammern, anderen Unternehmen, Unternehmensverbänden, Zeitschriftenaufsätze...

b) Nachfrageverhalten, Entwicklungen im Verbraucherverhalten, Konkurrenzverhalten (Preise, Produkte, Produktgestaltung ...), allgemeine Trends (Sozialprodukt ...).

44. Bestellungen, Vertreterberichte, Werbematerial der Konkurrenz u.ä.

45. Vorteile: Material ist leicht zu erfassen, da es bereits vorliegt, geringe Aufwendungen bei der Erfassung ...

Nachteile: Material ist häufig nicht aktuell genug, es könnte Fehler enthalten, die sich fortsetzen, Material ist häufig nicht ausreichend auf die anstehende Frage bezogen, deshalb reichen die Informationen u.U. nicht aus ...

46. Primärforschung: Die erforderlichen Daten werden für die anstehende Fragestellung erhoben.

47. Vorteile: Aktualität der Daten, Bezug auf die konkrete Fragestellung ...
Nachteil: erhebliche Aufwendungen.

48. Befragung, Beobachtung, Experiment.

49. Kennzeichnung von Fragekomplexen: 1. Fragen, die das Produkt selbst betreffen, 2. Fragen, die die Käufer und ihre Absichten betreffen, 3. Fragen, die die Motive für den Kauf betreffen.

50. Interview, Fragebogenaktionen.

51. Probleme z.B.: Interviews sind aufwendig, genau; Fragebogenaktionen haben Nachteile: geringer Rücklauf, Kontrolle der Befragten ist nicht möglich, es können nur einfache Fragen gestellt werden.

52. Fragen müssen immer eindeutig gestellt werden. Befragungstaktiken sind von Bedeutung: Formulierung der Frage, Frageart, Reihenfolge der Fragen, Kontrollfragen müssen dazu beitragen, daß der Befragte präzise antworten kann.

53. Beobachtet wird Käuferverhalten, z.B. welche Produkte in welcher Verpackung von Kunden bevorzugt gekauft werden (u.u.), daraus können Rückschlüsse gewonnen werden auf Produktgestaltung, Warenpräsentation, Werbung usw.

54. Vorteil: Tatsächliches Verhalten wird beobachtet und beurteilt, Nachteil: Die beobachteten Personen müssen nicht unbedingt die Gesamtheit der in Frage kommenden Käufer repräsentieren, aus der beobachteten Handlung sind die Gründe für eine Kaufentscheidung nicht erkennbar.

55. a) Experiment: Befragungen bzw. Beobachtungen finden in einer kontrollierten Versuchsanordnung statt; die Rahmenbedingungen des Experiments werden durch Zielvorgaben definiert.

b) Laborexperiment: Die Rahmenbedingungen werden künstlich geschaffen; Feldexperiment: Die Untersuchung erfolgt in einer natürlichen Umgebung, z.B. in einem begrenzten Markt.

c) Projektionen: Der Proband reagiert spontan auf Reiz- oder Stimulanswörter, oder er ordnet Begriffe anderen Begriffen spontan zu.

Polaritätsprofil: In einer Tabelle werden Merkmale z.B. für ein Produkt in ihren extremen Ausführungen gegenüber gestellt; der Proband kann sich mehr oder weniger für die jeweiligen Ausprägungen des Merkmals entscheiden, seine Entscheidung erhält in der Tabelle einen Punktwert.
Markttest: Ein Produkt wird auf einem begrenzten Markt unter Berücksichtigung der Marketinginstrumente getestet.

56. Stichprobe: Zur Befragung oder Beobachtung wird aus einer Gesamtheit eine Personengruppe ausgewählt, die diese Gesamtheit ausreichend repräsentieren kann. Die erworbenen Informationen müssen Rückschlüsse auf die Gesamtheit in ausreichendem Maße zulassen.
Repräsentativerhebungen sind nicht so aufwendig wie die Befragung der Gesamtheit.

57. a) Reine Zufallsauswahl: Für die Stichprobe werden die Mitglieder zufällig ausgewählt.

b) Geschichtete Zufallsauswahl: Die Stichproben werden nicht aus der Gesamtheit zufällig entnommen, sondern die Gesamtheit wird in Teilgesamtheiten zerlegt, die in ihren Zusammensetzungen der Gesamtheit entsprechen, aus den Teilgesamtheiten werden die Stichproben entnommen.

c) Klumpenauswahl: Aus der Gesamtheit wird eine Auswahleinheit herausgenommen (Klumpen), sie repräsentiert in ihrer Zusammensetzung die Gesamtheit.

d) Quotenverfahren: Durch vorgegebene Quoten wird bestimmt, wie groß die Gruppe bestimmter Merkmalsträger in der Stichprobe sein soll. Die Quoten ergeben sich aus dem entsprechenden Anteil dieser Merkmalsträgergruppen an der Gesamtheit.

58. a) Panel: Permanente Stichprobe. Ein Personenkreis kann über einen längeren Zeitraum beobachtet werden, die Stichprobe muß nicht erneut ermittelt werden,

b) Panelsterblichkeit: Die Stichprobe verändert sich.
Overreporting: Die beobachteten oder befragten Personen entwickeln besondere Verhaltensweisen, z.B. Preisbewußtsein.

59. Einzelhandelspanels (Nielsen-Panels für den Nahrungs- und Genußmitteleinzelhandel, Elektrogerätepanel), Verbraucherpanels (z.B. Verbrauchsgüterpanels).

60. Typen von Käuferverhalten
- überlegter, geplanter Einkauf („ökonomisches Prinzip"),
- Einkauf gewohnter Produkte (z.B. bei Markenpräferenz),
- spontaner Einkauf (Impulskauf),
- Einkauf in sozialer Abhängigkeit (z.B. in Zusammenhang mit der Ausfüllung einer sozialen Rolle).

61. Lösungsvorschlag:

Typen der Kaufentscheidungen (von Haushalten)

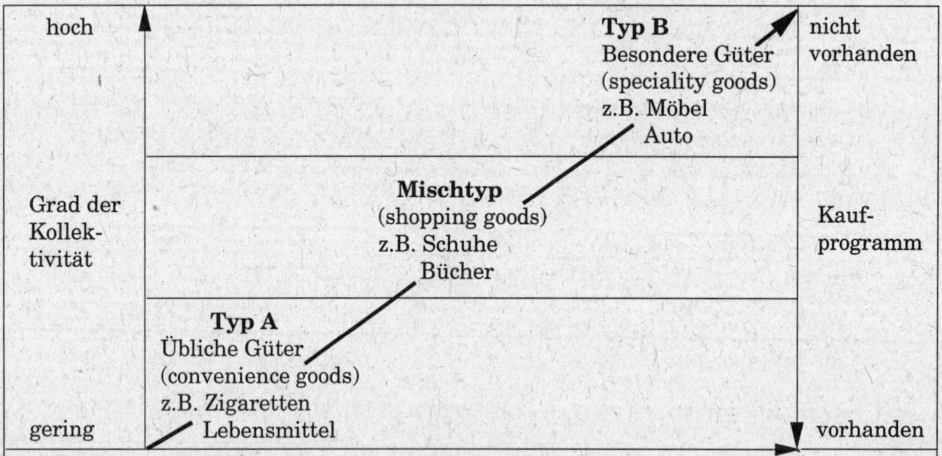

Merkmale

gering	◄── finanziellle Mittelbildung ──►	hoch
gering	◄── soziale Sicherheit ──►	hoch
gering	◄── Informationsbedürftigkeit ──►	hoch
gering	◄── Ausmaß derNeuartigkeit ──►	hoch
gering	◄── Betroffenheit aller Mitglieder ──►	hoch
hoch	◄── Kaufhäufigkeit ──►	gering
hoch	◄── Erfahrungsgrad ──►	gering

(nach H. Meffert, Marketing)

62. Ökonomische Ansätze: Anwendung des Prinzips der Nutzenmaximierung (Planvolles Handeln, Aufstellung eines Wirtschaftsplans),
Psychologische Ansätze: Gefühle, Stimmungen, Einstellungen,
Soziologische Ansätze: Gesellschaftliche Werte und Normen, Gruppenzugehörigkeit. Status und Position beeinflussen das Käuferverhalten.

63. Lösungsvorschlag:

Zusammenhang zwischen Persönlichkeitsstruktur, Rollenverhalten, Einstellungen, soziodemographischen Merkmalen und Konsumentenverhalten (in Anlehnung an: Meffert: Marketing)

1. Der Konsument ist durch Erbanlagen, Charakter, Erziehung geprägt. Seine individuelle Persönlichkeitsstruktur

↓ steuert

2. sein Verhalten in den ihm vorgegebenen sozialen Rollen. (Seine Rollen ergeben sich z.B. altersgemäß, aus Beziehungen zu anderen Personen, aus Mitgliedschaften; Rollen werden definiert durch Rollenerwartungen). Das Rollenverhalten

↓ formt

3. allgemeine Einstellungen, z.B. zum Beruf, zur Familie. Diese Einstellungen

↓ prägen

4. die Einstellungen in einem Produktbereich nachhaltig bzw. auf Dauer. Diese

↓ lenken

5. die besonderen Einstellungen zu Marken. Diese

↓ führen

6. nach Korrekturen, die soziodemographisch oder durch eine besondere Situation bedingt sein können,

↓ zum

7. Kaufverhalten des Konsumten.

64. Beschaffung von Informationen für die Entscheidungen von Absatzwirtschaft und Unternehmensführung.

65. Absatzprognose: Auf Daten gestützte Vorhersage des zukünftigen Absatzes eines Produkts (Markt- und Absatzpotential, Markt- und Absatzvolumen).

66.
- Einführung: Umsatzanstieg, Verlust,
- Wachstum: Umsatzanstieg mit zunehmenden Raten, Gewinn,
- Reife: Umsatzanstieg mit abnehmenden Raten, Gewinnrückgang,
- Sättigung: Umsatzanstieg (Höhepunkt), evtl. leichte Umsatzeinbußen, Gewinnrückgang,
- Verfall: erheblicher Umsatzrückgang, starker Gewinnrückgang.

67. Lösung in Anlehnung an den folgenden Vorschlag:

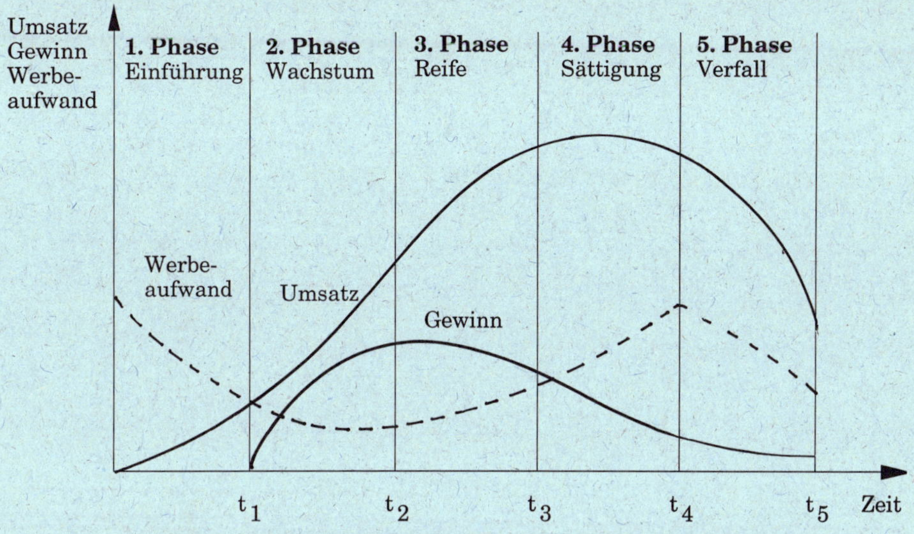

Beispiele	↓	↓	↓	↓	↓
Bereiche - Branchen	Atom-industrie	Datenver-arbeitung	Autos	Baum-wolle	Kohle

68. Produkte altern, haben „Lebenszyklen“, die anhand von Umsatz-, Gewinn-, Kostenverläufen beschrieben werden können. Sie geben Anhaltspunkte für den notwendigen Einsatz bestimmter Marketingmaßnahmen, z.B. Erinnerungswerbung, Produktvariation.
Aber: Grenzen der Phasen sind kaumn anzugeben, Vorhersagen über Lebensdauer und Dauer der einzelnen Phasen sind nicht möglich.

69. Einteilung des Marktes für ein Produkt in Käufergruppen (z.B. mit gleichen Erwartungen an das Produkt bzw. an die verschiedenen Produktausführungen).
Ziel: Differenzierte Marketingstrategie.

70. Anforderungen an ein Segment: Ausreichende Größe und Dauer.

71. Kriterien: Alter, Gruppenzugehörigkeit, Einkommen, Erwartungen, Einstellungen.

72. Z.B: Waschpulver: Großverbraucher, kleine Haushalte, umweltbewußte Käufer.
Z.B. Möbel: Alter der Käufer, Einkommen, Modebewußtsein.

73. Undifferenzierte Marktbearbeitung: Ein großes Segment wird mit erheblichem Werbeaufwand bearbeitet.

74. Konzentrierte Marktbearbeitung: Konzentration auf ein (oder wenige) Segment(e), Bearbeitung dieses Teilmarkts mit verschiedenen Mitteln.

75. Differenzierte Marketingstrategie: Alle in Betracht kommenden Segmente werden erfaßt und mit unterschiedlichen Mitteln (z.B. Produkt- und Preisdifferenzierung) bearbeitet.

76. Mittel der Kontrahierungspolitik: Preispolitik, Rabattpolitik, Lieferungs- und Zahlungsbedingungen.

77. Preispolitik: Alle Maßnahmen eines Anbieters zur Gestaltung, Festsetzung, Beeinflussung, Veränderung und Präsentation des Absatzpreises.

78. Einflußgrößen: Marktform (Zahl und Reaktion der Mitbewerber), preispolitischer Spielraum (durch Kundenpräferenzen für Produkt und Anbieter), Elastizitäten (Ausmaß der Reaktionen der Nachfrage auf Preisänderungen), Kosten (als Grundlage für preispolitische Überlegungen: Kostendeckung, Deckungsbeitrag).

79. a) Mengenanpasser: Preis ist Datum, Menge wird angepaßt,
b) Anbieter hat durch Präferenzpolitik preispolitischen Spielraum (geknickte Nachfragekurve).

80. Gewinnmaximierung (i.d.R.), keine Konkurrenz, wohl aber Verbraucherreaktion bei Preisfestsetzung.

81. Bei relativ unelastischer Nachfrage führt eine Preiserhöhung von 1 % zu einer Senkung der Nachfragemenge von weniger als 1 % und damit zu einer Umsatzerhöhung.

82. Relativ elastische Nachfrage: Eine relativ geringe Preissenkung (z.B. von 1 %) führt zu einer relativ starken Mengenzunahme (z.B. von mehr als 1 %, der Umsatz steigt.

83. Unternehmen in einem Oligopol berücksichtigen bei ihrem Preisverhalten Reaktionen der Konkurrenz.
Kampfverhalten: Preissenkung eines Unternehmens, die anderen Unternehmen müssen nachziehen; Koalitionsverhalten: Absprachen über Preisgestaltung; Preisstarrheit: langfristige Konstanz der Preise.

84. Preisdifferenzierung: Für das gleiche Produkt werden unterschiedliche Preise gefordert: Durchsetzung gelingt nur bei unvollkommenen Märkten, unterschiedlichen Elastizitäten, Marktmacht.

85. Horizontale Preisdifferenzierung: Für das gleiche Produkt werden auf verschiedenen Teilmärkten zur gleichen Zeit unterschiedliche Preise verlangt.

86. Vertikale Preisdifferenzierung: Für das gleiche Produkt werden zu unterschiedlichen Zeiten unterschiedliche Preise verlangt.

87. a) Zunächst relativ hoher Preis, der nach Markterschließung (wegen Kostensenkung) gesenkt wird,
b) Zunächst relativ niedriger Preis zur schnelleren Markterschließung; kann später evtl. erhöht werden,
c) Relativ hoher Preis (wegen geringer Nachfrageelastizität),
d) Relativ niedriger Preis, Preis als Werbemittel,
e) Psychologische Preise (auch im Zusammenhang mit Preispräsentation) sind z.B. sog. gebrochene Preise (erwecken Eindruck genauer Kalkulation zugunsten des Verbrauchers),
f) Hersteller empfiehlt dem Endverkäuger einen Verkaufspreis,
g) Kurzfristig reduzierter Preis als wichtige preispolitische Maßnahme des Handels.

88. Rabattpolitik: Einheitlicher Angebotspreis wird gegenüber verschiedenen Abnehmern durch Rabatte (u.U. mit unterschiedlichen Sätzen) variiert, Ziele: Umsatzsteigerung, Erhaltung der Kundentreue, zeitliche Lenkung der Bestellung, Rationalisierung der Auftragsabwicklung.

89. Rabatt als Entgelt für Übernahmc bestimmter Funktionen (z.B. Lagerhaltung durch den Handel).

90. Mengenrabatt: Lagerhaltung, Zeitrabatt: Lagerhaltung, u.a.

91. 41,35 %

92. Ausgleich der Erlösschmälerungen durch Kostenminderung (wegen Funktionsübernahme).

93. Lieferungsbedingungen: Zeit und Ort der Warenübergabe, Berechnung der Lieferkosten,
Zahlungsbedingungen: Zahlungsfristen, Skontoziehung.

94. Bedingungen bestimmen Höhe der Beschaffungskosten des Handels.

95. Produkt- und Sortimentspolitik: Alle Maßnahmen eines Unternehmens zur marktgerechten Gestaltung seines Angebots zur Erreichung der Ziele: Steigerung von Gewinn und Umsatz, Kostenminimierung, Verbesserung der Wettbewerbssituation, Risikostreuung u.a.

96. Ausweitung des Leistungsangebots, horizontale Diversifikation: Neues Produkt steht im Zusammenhang mit dem bisherigen Angebot, vertikale Diversifikation in vor- oder nachgelagerte Stufe, laterale Diversifikation: branchenfremde Ausweitung.

97. Einführung eines neuen Produkts, Gewinnzuwächse mit neuen Produkten.

98. Veraltete Produkte werden vom Markt genommen.

99. Bereits produzierte Güter werden hinsichtlich bestimmter Eigenschaften verändert (Qualität, Form, Ergänzungen usw.).

100. Produktdifferenzierung: Veränderung des Produkts zur Erschließung eines neuen Segments (z.B. neue Mengenabpackungen für Kleinverbraucher); Produktverbesserung: Attraktive Gestaltung des Produkts zur Erhaltung des Marktanteils (z.B. Dosen anstatt Flaschen für Getränke).

101. Sortiment: Angebotspalette des Handels,
Produktprogramm: Angebotspalette des Fertigungsbetriebs (Sortiment ist der umfassendere Begriff).

102. Elemente des Sortiments: Sorte - kleinste Einheit, Artikel - Zusammenfassung gleichartiger Sorten, Warengruppe - Zusammenfassung gleichartiger Artikel (Produktprogramm: Ausführungen, Produkt, Linie).

103. Breite wird bestimmt durch Anzahl der Warengruppen, Tiefe durch Anzahl der Artikel.

104. Orientierungsprinzipien: Orientierungen an Stoff, Lieferanten, Verbraucher, Preislagen, Selbstverkäuflichkeit.

105. Aufmachung, Form und Gestaltung der Verpackung können der Verkaufsförderung dienen. Einflußfaktoren: Produkt, Absatzbedingungen, Verbraucher, Marketingziele (z.B. Produktdifferenzierung), Umweltschutz.

106. Funktionen der Verpackung: Abmessung, Verkaufsförderung, Präsentation, Gebrauch.

107. Der Grüne Punkt zeigt an, daß das Verpackungsmaterial verwertbar ist und daß Verwertungsmöglichkeiten bestehen. Der Grüne Punkt wird vom Hersteller werbewirksam eingesetzt.

108. a) Markenpolitik: Alle Maßnahmen und Entscheidungen eines Unternehmens zur Markierung seiner Produkte. Ziele: Differenzierung, Schaffung von Präferenzen, Schaffung eines preispolitischen Spielraums.

108. b) Marke: Namen, Zeichen und/oder Design zur Kennzeichnung eines Produkts: einprägsam, unterscheidend (von anderen Produkten bzw. Marken), über längere Zeit gleichbleibend.
Herstellermarke: Marke eines Herstellers für sein Produkt, Handelsmarke: Von verschiedenen, weisungsgebundenen Herstellern produzierte Artikel werden mit gleichen Marken versehen.

109. a) Keine Gefährdung einer gut eingeführten Marke durch neues Produkt,
b) Ausnutzung der Verbraucherpräferenz für eine gut eingeführte Marke.

110. Marken beziehen sich auf das Produkt eines Herstellers, Gütezeichen beziehen sich auf gleichartige Produkte mehrerer Hersteller (eine sog. Gütegemeinschaft garantiert für die mit ihrem Zeichen versehenen Produkte gleichbleibend hohe Qualität).

111. Produktvariation: Produktdifferenzierung zur Erschließung weiterer Segmente, Produktverbesserung zur Erhaltung von Marktanteilen - in der Sättigungsphase, wenn Konkurrenz und Substitutionsmöglichkeiten zunehmen.

112. Kommunikationspolitik: Alle Maßnahmen eines Unternehmens, Kontakte zu den mutmaßlichen Verbrauchern seiner Produkte herzustellen, Ziele: Beeinflussung von Einstellungen und Erwartungshaltungen, Anregung zum Kauf.

113. Verkürztes Schema direkter Kommunikation: Ein werbendes Unternehmen entwickelt und verschlüsselt eine Werbebotschaft für eine bestimmte Zielgruppe, die sie wahrnimmt, sie verarbeitet und reagiert, das werbende Unternehmen erhält Rückmeldung (Erfolg oder Mißerfolg) z.B. durch den Eingang von Bestellungen.

114. AIDA steht für Attention (Aufmerksamkeit), Interest (Interesse), Desire (Kaufwunsch), Action (Kaufhandlung). Das Schema erklärt den Zusammenhang eines Prozesses bei erfolgreicher Werbung, es erklärt aber nicht, wie es zur Entscheidung für bestimmte Reaktionen kommt.

115. 1. Wahrnehmung der Werbebotschaft,
2. Verarbeitung, die Werbebotschaft wird verarbeitet, es können dadurch Motive für die Entscheidung zum Kauf gelenkt werden,
3. Aktion, d.h. Entscheidung in einer aktuellen Kaufsituation für ein Produkt oder eine Marke.

116. Werbestrategie: Langfristiges Konzept des Unternehmens, in das übergeordnete Unternehmens- und Marketingziele und Ergebnisse von Marktanalysen eingehen, sie definiert und spezifiziert Werbeziele, sie formuliert die Werbebotschaft und verschlüsselt sie entsprechend der Zielgruppe, die sie näher bestimmt.

117. Allgemeine Werbeziele: Expansionswerbung zur Steigerung von Absatz, Umsatz und Gewinn, Erinnerungswerbung zur Stabilisierung der Nachfrage, Erhaltungswerbung zur Verteidigung des Marktanteils gegen die Substitutionskonkurrenz. Beispiel für spez. Werbeziele: Bekanntmachung eines neuen Produkts, Verbesserung des Images einer Marke, Erhöhung des Bekanntheitsgrades.

118. Zielgruppen sind Gruppe von Individuen, die hinsichtlich bestimmter Merkmale gleich sind; z.B: Hausfrauen bei Werbung für Backmischungen, Jäger bei Werbung für Jagdgeräte.

119. Eine Werbebotschaft wird auf die besonderen Belange einer Zielgruppe, z.B. auf ihre Einstellung, verschlüsselt.

120. Der Leser sollte hier den Inhalt von TV-Werbespots, Anzeigen in Zeitschriften etc. heranziehen, die Zielgruppen bestimmen und Verschlüsselungen der Werbebotschaften herausfinden.

121. Werbemittel: Werbespots, Anzeigen in Zeitungen, Plakate.

122. Kriterien: Darstellungsmöglichkeiten, z.B. in TV, in Rundfunk, Zeitschriften, Briefen usw., die Situationen, in denen die Zielpersonen bei Kontakt mit dem Werbemittel sind, Zeitpunkt an dem die Zielpersonen mit dem Werbemittel in Berührung kommen.

123. Der Werbeträger „trägt“ das Werbemittel: z.B. die Zeitung die Anzeige.

124. Die Wahl eines Werbeträgers ist von seiner Reichweite abhängig: Größe des geografischen Bereichs, den der Werbeträger abdeckt, Anzahl der Personen, die Kontakt mit dem Werbeträger haben.

125. Ein Unternehmen richtet sich in der Höhe der geplanten Werbeausgaben danach, was andere Unternehmen der Branche für Werbung ausgeben.
Die Höhe des bisherigen Umsatzes bestimmt die Höhe des Werbeetats für die nächste Planperiode. Der Werbebedarf bestimmt den Werbeetat, genau definierte Ziele der Werbung sollen mit möglichst geringem Aufwand erreicht werden; die Anwendung des ökonomischen Prinzips heißt also, daß nicht unbedingt der größte Werbeetat der beste ist.

126. Unter Streuplanung versteht man die Verteilung des Werbeetats nach sachlichen und zeitlichen Gesichtspunten: Verteilung also auf Werbeobjekte, auf Werbung für alte und neue Produkte, auf die verschiedenen Werbemittel und -träger.

127. Persönlicher Verkauf ist der Verkaufsabschluß durch Verkaufsgespräche, der Erfolg ist abhängig von der Person des Verkäufers, von seinen Fähigkeiten, das Produkt zu erklären und den Kunden glaubwürdig zu überzeugen.

128. Verkaufsförderung: Alle Maßnahmen zur zusätzlichen und außergewöhnlichen Unterstützung der Absatzmittlung (sales promotion).

129. Verbraucherorientierte Verkaufsförderung: Sammelgutscheine, Proben. Handelsorientierte Verkaufsförderung: Nachlässe, Kooperation, Händlerlisteförderung. Verkaufspersonalorientierte Verkaufsförderung: Verkaufswettbewerbe, Prämien für besondere Leistungen, Schulungen.

130. Mit der Öffentlichkeitsarbeit (public relations) will ein Unternehmen, Vertrauen und Verständnis bei Teilöffentlichkeiten erreichen zur Verbesserung und Pflege des Images von Produkt, Marke und Unternehmen.

131. Maßnahmen der Öffentlichkeitsarbeit: Besichtigungen, Informationen, Pressekonferenzen, Vorträge, Stiftungen.

132. Distribution heißt Verteilung: Distributionspolitik befaßt sich also mit den Entscheidungen, auf welchen Wegen, mit welchen Absatzmittlern und -helfern die Produkte verteilt werden sollen.

133. Der Distributionsgrad gibt die Erhältlichkeit des Produktes an, d.h. in welchem Umfang das Produkt z.B. für den Verbraucher im Einzelhandel erhältlich ist.

134. Bei der Benutzung indirekter Absatzwege werden die Dienste der Absatzmittler in Anspruch genommen: z.B. Lagerhaltung, Information, Beratung, Lieferung.

135. Direkter Absatz bedeutet Verzicht auf (branchenübliche) Absatzmittlung, bei relativ großen Mengen und regionaler Konzentration der Abnehmer, bei besonderen Transport- und Montageproblemen, zur Vermeidung häufiger Bewegungen durch Ent- und Beladen.

136. Funktionen des Handels: räumlicher Ausgleich (Ausgleich zwischen den Orten der Herstellung und des Verbrauchs), zeitlicher Ausgleich (Ausgleich zwischen den Zeitpunkten der Herstellung und des Verbrauchs), quantitativer Ausgleich (Handel kauft in großen Mengen und gibt in Verbrauchsmengen ab), qualitativer Ausgleich (Qualitätsverbesserungen durch den Handel), Information, Beratung.

137. Intensive Distribution: Häufig bei Gütern des täglichen Bedarfs, es liegt hoher Distributionsgrad vor, das Produkt wird über eine große Zahl der in Betracht kommenden Einzelhandelsgeschäfte vertrieben.
Exklusive Distribution: Die Zahl der Absatzmittler ist beschränkt, „exklusive" Absatzmittler vertreiben das Produkt ausschließlich, Verbesserung des Produkt- bzw. des Markenimages.

138. Akquisition: Ein Unternehmen wirbt um Absatzmittler, z.B. durch Exklusivverträge, d.i. Pushmethode, sie ist zu unterscheiden von der Pullmethode, bei der die Absatzmittler z.B. durch eine starke Endverbraucherwerbung veranlaßt werden, das Produkt in das Sortiment aufzunehmen.

139. Wenn die Anzahl der möglichen und interessierten Absatzmittler sehr groß ist, muß der Unternehmer unter ihnen auswählen (Selektion), z.B. nach Abnahmemengen, nach Beiträgen für bestimmte Marketingaktivitäten u. dgl.

140. Reisender: Angestellter Kaufmannsgehilfe, der für seinen Arbeitgeber Verträge abschließt; er erhält Gehalt und evtl. eine umsatzabhängige Provision.
Handelsvertreter: Selbständiger Kaufmann, der ständig damit betraut ist, Geschäfte zu vermitteln oder im Namen des auftraggebenden Unternehmens abzuschließen; er erhält eine umsatzabhängige Provision und evtl. ein Fixum.

141. 16.250,- DM

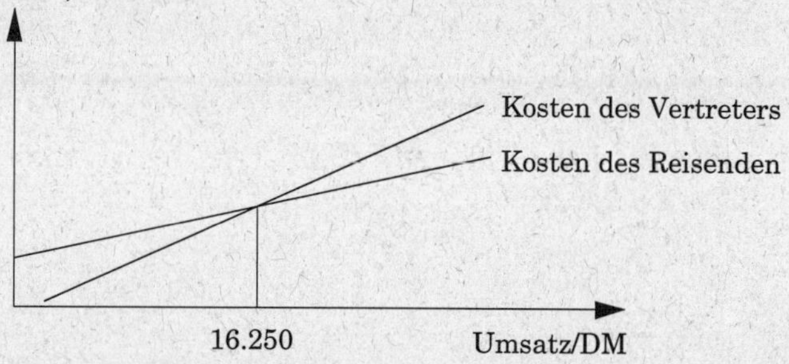

142. 17.000,- DM

143. Der Reisende ist vorzuziehen, nach Berücksichtigung des Gewinnvorteils sind die Kosten für ihn 1000 DM niedriger als die Kosten für den Vertreter (3200 DM).

144. Qualitative Faktoren beeinflussen die Entscheidung, z.B. die Steuerbarkeit des angestellten Reisenden kann für den Auftraggeber wichtig sein, die besonderen Kenntnisse des Reisenden über das Produkt können von Bedeutung sein; die Marktnähe und -informationen des Vertreters können von Vorteil sein.

145. Ziehen Sie zur Lösung das Schema in Abb. 35 heran!

146. Probleme: Wahl der Transportmittel, der Transportwege, Minimierung der Transportkosten, der Fehlmengenkosten. Grundlage der Entscheidungen sind Länge der Transportwege, Umfang der Lieferung, Art der Ware, Ausstattung mit Transportmitteln und deren Auslastung.

147. Franchisesysteme haben ihre besondere Bedeutung in Zusammenhang mit dem Vertrieb von Waren (u.a.), zumal sie sich auch auf deren Erzeugung beziehen können (z.B. bei Lizenzproduktion, bei Getränkeabfüllung); die Vertragspartner bleiben selbständig. Evtl. auch Vorteile der zentralen Beschaffung. Der Franchisegeber benötigt relativ wenig Kapital, der Franchisenehmer kann das Image einer eingeführten Marke nutzen. In der Regel ist der Franchisegeber der stärkere Vertragspartner.

148. Rechte und Pflichten des Franchisenehmers: z.B. Bezug von Waren, Nutzung von Markennamen, Entgeltleistungen, 100 %iger Warenbezug vom Franchisegeber. Rechte und Pflichten des Franchisegebers: Entgelt, Kontrolle, Überlassung von Rechten, Unterstützung bei Start und laufender Geschäftsführung.

149. Z.B. Coca Cola: Abfüllung und Vertrieb,
Autohandel: ausschließlicher Vertrieb einer Marke usw.

150. Fehlmengenkosten entstehen durch den Verzicht auf eine hundertprozentige Lieferbereitschaft. Aufträge von Kunden können nicht sofort oder nicht vollständig ausgeführt werden. Dadurch entstehen Fehlmengen, die Fehlmengenkosten verursachen.

151. Gründe für dezentrale Lagerung: Kundennähe, Verkürzung der Transportwege, Minimierung der Transportkosten, Vermeidung von Störungen bei Lieferungen.

152. Spediteuer ist selbständiger Kaufmann, der im eigenen Namen auf Rechnung des Versenders Güterversendungen durch Frachtführer oder Verfrachter besorgt. Frachtführer ist selbständiger Kaufmann, der die Beförderung von Gütern übernimmt. Häufig ist der Spediteur auch Frachtführer.

153. a) Montage, Änderungsdienst, Serviceleistungen, Reparaturleistungen, Umtauschrechte, Personaleinarbeitung.
b) Beratung, Lieferung zur Probe.

154. Kundendienstleistungen sollen dazu dienen, Kunden auf Dauer zu halten.

155. Steigerung von Umsatz oder Marktanteil, Veränderung von Einstellungen der Verbraucher. Kontrolle erfolgt durch einen Soll-Ist-Vergleich.

156. Probleme: Ermittelte Ist-Werte können außer von den eigenen Maßnahmen auch von anderen Faktoren beeinflußt werden, so z.B. von Marketingmaßnahmen der Konkurrenz, allgemeinen Änderungen von Werthaltungen, Einstellungen etc. Verbesserung der Marktsituation können sich z.B. auch dadurch ergeben, daß Mitbewerber ausscheiden.

157. Kontrolle des ökonomischen Werbeerfolgs: Prüfung des Zusammenhangs zwischen den Marketingmaßnahmen (z.B. Werbung) für ein Produkt und dem Verkauf des Produkts, Prüfung des kommunikativen Werbeerfolgs: Prüfung der Einstellungen der Verbraucher zum Produkt, zur Marke u.ä.

158. Verkaufsgebietstest, Befragungen etc.

159. Ein kommunikativer Werbeerfolg liegt vor, wenn die Werbemaßnahmen der umworbenen Personen gegenüber dem Produkt und der Marke positiv verändert, wenn die umworbenen Personen Produkt, Marke und Werbebotschaft zur Kenntnis genommen haben.

160.

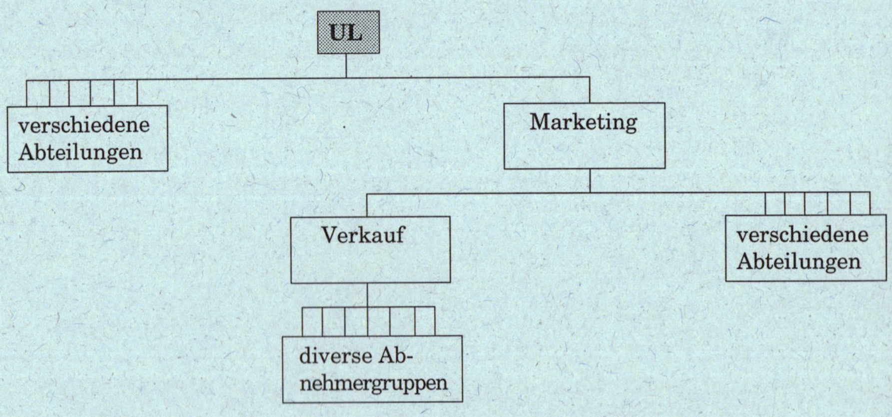

Liniensystem mit Marketingleitung in oberer Leitungsebene; klare Kompetenzverteilungen; Marketingleitung zuständig für alle Marketingbereiche u.ä.

Produktmanager ist zuständig für ein Produkt (hier: Backmischungen), er muß in seinem Bereich weisungsbefugt sein usw. Stabsstelle kommt deshalb für ihn kaum in Betracht usw.

161.

Benötigte Informationen	Quellen	extern/intern
Umsatz und Umsatzentwicklung allgemein , je Produkt, je Außendienstmitarbeiter, je Verkaufsgebiet, je Kundengruppe, je Kunden usw.	Unterlagen des Rechnungswesens und der Statistik	intern
Absatz und Absatzentwicklung allgemein, je Produkt, je Außendienstmitarbeiter, je Verkaufsgebiet, je Kundengruppe, je Kunden usw.	Unterlagen der Statistikabteilung	intern
Vertriebskosten insgesamt, je Produkt, je Außendienstmitarbeiter, je Verkaufsgebiet, je Kundengruppe, je Kunden usw.	Unterlagen des Rechnungswesens	intern
Beschaffungsmarktsituation	Unterlagen der Einkaufsabteilung	intern
Lagerhaltung, Lagerbestände	Unterlagen der Lagerbuchhaltung	intern
Abstzmarktsituation, Produkte und Sortimente der Konkurrenz, Verkaufsgebiete der Konkurrenz, Absatzwege der Konkurrenz Preise und Preisgestaltung der Mitbewerber, Anzahl der Mitbewerber, Substitutionskonkurrenz	allgemein zugängliche Unterlagen über die Mitbewerber, z.B. Prospekte, Kataloge ... Berichte der Außendienstmitarbeiter	extern intern
Branchenentwicklung	Forschungsberichte, Branchenberichte u.a. von Kammern, Verbänden, Instituten	extern
allgemeine Wirtschaftslage	Statistiken, Berichte von Kammern, Instituten, Statistisches Bundesamt	extern
Kaufgewohnheiten, Änderungen der Kaufgewohnheiten, Modetrends, Konsum- und Sparneigungen usw.	Unterlagen des Verkaufs (z.B. Anfragen von Kunden), Berichte von Außendienstmitarbeitern, Untersuchungen von Instituten u.a.	intern intern extern

162. Beispiele für Segmente, die die unterschiedlichen Erwartungen und Anforderungen an das Produkt ausdrücken.

Produkt	Segment
Mehl Typ 405 "klassische" Aufmachung, verschiedene Abpackungen	Haushalte mit geringem Bedarf, mit großem Bedarf, konservative Käufer
Mehl Typ 405 einfache Aufmachung	preisbewußte Käufer
Mehl Typ 1050 grobes Mehl	gesundheitsbewußte Käufer
Grieß	Haushalte mit kleinen Kindern
Backmischungen, verschiedene Sorten, z.B. Obstkuchen, Sandkuchen, Rosinenkuchen, Torten	berufstätige Hausfrauen, gehobenes Familieneinkommen; unterschiedlicher Bedarf
usw.	

163. Die Mühlenwerke gehen auf das Gesundheitsbewußtsein und das ökologische Bewußtsein der Verbraucher ein. Sie stellen ihr Marketing auf einen neuen Verbrauchertyp ab, den aktiven, kritischen, informierten Verbraucher. Neue gesellschaftliche Ziele und Werthaltungen beeinflussen also Art, Richtung und Umfang von Marketingmaßnahmen der Mühlenwerke. Sie betreiben durch die Sortimentserweiterung und die Verpackungskennzeichnung "ökologisches Marketing".

Durch die Erweiterung des Sortiments um ein grobes Mehl, d.h. durch die Berücksichtigung des kritischen Gesundheitsbewußtseins, gelingt es, Umsatzeinbußen bei einem Produkt, für das die Nachfrage zurückgeht, auszugleichen. Durch die Kennzeichnung der Verpackung mit dem Grünen Punkt zeigen die Mühlenwerke dem kritischen Verbraucher, daß das Verpackungsmaterial verwertbar ist, daß Recyclingsmöglichkeiten bestehen und daß sie am Recyclingverfahren beteiligt sind. Dadurch kann sie umweltbewußte Verbraucher zum Kauf ihrer Produkte anregen.

164. 1) Es liegen Informationen darüber vor, daß weiterhin Nachfrage nach dem Mehl Typ 405 besteht und daß diese auch in erheblichem Umfang durch entsprechende Produkte von Mitbewerbern bedient wird.

2) Für die Nutzung des bisherigen Absatzweges ("klassischer" Einzelhandel) wird die Produktverpackung modernisiert: Schriftzug der Marke, Verwendung eines Gütezeichens, Aufdruck des Grünen Punkts usw. Außerdem werden verkaufsfördernde Maßnahmen geplant: Sammelgutscheine für ein Kochbuch.

3) Über einen SB-Großmarkt mit einer großen Anzahl von Märkten wird das Mehl in neuer Aufmachung (in Anlehnung an die traditionelle Verpackung und mit Angabe des Herstellernamens) unter einem besonderen, ebenfalls einprägsamen, differenzierenden Produktnamen angeboten. Es wird an bevorzugten Stellen in den Märkten präsentiert. Der SB-Großmarkt garantiert die Abnah-

me großer Mengen, erhält dafür Rabatte (für Menge und Präsentation), die (zu einem geringen Teil) als Preisnachlaß an die Endverbraucher weitergegeben werden.

4) Mit dem Angebot über den Groß-Discounter wird das Segment "preisbewußte Käufer" angesprochen. Entsprechend muß das Produkt billiger als im übrigen Einzelhandel angeboten werden. Die Verpackung ist aus geringwertigem Papier, sie enthält als Aufdruck lediglich den Hinweis auf Art und Menge des Inhalts. Der Discounter setzt mit der (zeitlich befristeten) Garantie der Abnahme großer Mengen erhebliche Preisnachlässe und die Zusage gleichbleibender (hoher) Produktqualität durch.

5) Für das neue Produkt der Mühlenwerke laufen Werbemaßnahmen (TV, Radio usw.). Die besondere Betonung der Marke dabei ist gleichzeitig Erinnerungswerbung für das übrige Sortiment. Der ortsgebundene Einzelhandel wirbt mit Anzeigen in den Tageszeitungen, die Märkte des SB-Großmarkts mit Beilagen in den Zeitungen usw.

165. Die Ostholmer Mühlenwerke setzen zur Marktdurchdringung Penetrationspreise ein. Sie betreiben also eine Niedrigpreispolitik auf der Grundlage großer Produktionsmengen mit entsprechend niedrigen Stückkosten. So kann der ortsgebundene Einzelhandel die Ware zu Sonderangebotspreise anbieten.

Mit Reaktionen der Mitbewerber muß gerechnet werden (vgl. oligopolistisches Verhalten), so daß diese Politik u.U. nur vorübergehend sinnvoll ist.

Die Mühlenwerke werben in Norddeutschland für dieses Produkt in Familienzeitschriften mit Anzeigen, die als Information über die Bedeutung groben Mehls für die gesunde Ernährung aufgemacht sind.

Der ortsgebundene Handel wirbt in den Tageszeitungen mit Anzeigen, die die Sonderangebotspreise hervorheben. In den Geschäften wird außer durch besondere Produktpräsentation mit Plakaten u.ä. geworben.

166. Für die gleichartige Markierung können u.a. die folgenden Gründe sprechen:
- gleichartige Produktgruppe,
- Übertragung des Markenimage,
- geringes Risiko,
- Nutzung der Markentreue der Verbraucher,
- Nutzung der für das neue Produkt erforderlichen Werbung als Erinnerungswerbung für das übrige Sortiment.

Für TV-Werbung können u.a. folgende Gründe sprechen:
- szenische, evtl. gefühlsbetonte, nachvollziehbare Darstellung,
- anschauliche Darstellung einer verschlüsselten Werbebotschaft,
- Zeitpunkt der Sendung,
- Streukreis;

Ergänzungen durch Rundfunkwerbung, Zeitschriften usw

Denkbar wären u.a. die folgenden verkaufsfördernden Maßnahmen:
- handelsorientiert: Händlerlisteförderung, Einsatz von Propagandistinnen in den Geschäften (mit Gebäckproben),
- verbraucherorientiert: Sammelgutscheine o.ä.

167. Gründe: Konkurrenzprodukte (vor allem von Unternehmen mit besserem Kontakt zur Zielgruppe),
Substitutionskonkurrenz (umfangreiches Angebot von Kindernahrung).

Gründe für Eliminierung u.a.:
- Umsatzrückgang,
- Gewinnrückgang (aufwendige Werbung bei Umsatzrückgang), evtl. Verlust,
- Rückgang des Beitrags zur Kostendeckung ...

168.

	eigener Lkw	**fremder Lkw**
feste Kosten monatlich	4.200,00	1.000,00
variable Kosten je km	0,20	1,10

April, bei 5.000 km:
eigener Lkw: 4.200,00 + 1.000,00 = 5.200,00
fremder Lkw: 6.500,00
eigener Lkw wäre billiger gewesen.

Kritischer Wert bei
Kosten (eigener Lkw) = Kosten (fremder Lkw),
Kosten = feste Kosten + variable Kosten,
variable Kosten = x km · Kosten je km,
Kosten (eigener Lkw) = 4.200 + x km · 0,20,
Kosten (fremder Lkw) = 1.000 + x km · 1,10,
4.200 + x km 0,20 = 1.000 + x km 1,10,
x km · 0,20 – x km · 1,10 = 1.000 – 4.200,
x km (0,20 – 1,10) = – 3.200,

$$x\ \text{km} = \frac{-3.200}{-0{,}90} = 3.555{,}5$$

Kritischer Wert: 3.556 km

169. Kostenvorteil bei relativ geringem Umsatz, besonders dann, wenn kein Fixum vereinbart wird.

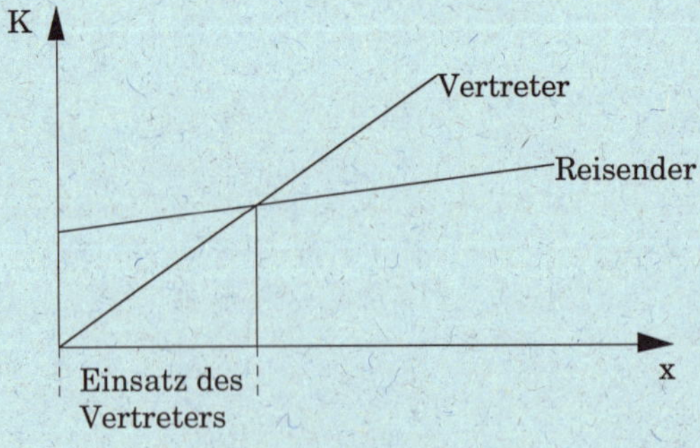

Andere Vorteile bei Vertreter: Marktkenntnisse, besonderer Einsatz und dergleichen.

Stichwortverzeichnis